Escritura Urbana

Coleção Debates
Dirigida por J. Guinsburg

Equipe de realização – Revisão: Plinio Martins Filho; Diagramação: Marina Mayumi Watanabe ; Produção: Plinio Martins Filho.

A redução no preço deste livro foi possível pela co-edição patrocinada pela Secretaria de Estado da Cultura de São Paulo.

eduardo de oliveira elias

ESCRITURA URBANA:

INVASÃO DA FORMA, EVASÃO DO SENTIDO

Dados de Catalogação na Publicação (CIP) Internacional
(Câmara Brasileira do Livro, SP, Brasil)

Elias, Eduardo de Oliveira, 1954 –
Escritura urbana : invasão da forma, evasão do sentido / Eduardo de Oliveira Elias. — São Paulo : Perspectiva : Secretaria de Estado da Cultura, 1989. — (Debates ; 225)

Bibliografia.
ISBN 85-273-0016-8

1. Semiótica 2. Signos e símbolos 3. Planejamento urbano 4. Urbanismo – Filosofia I. Título. II. Série.

89-1567 CDD-711.014

Índices para catálogo sistemático:

1. Desenho urbano : Linguagem : Urbanismo 711.014
2. Desenho urbano : Semiótica : Urbanismo 711.014

EDITORA PERSPECTIVA S.A.
Avenida Brigadeiro Luís Antônio,3025
01401 – São Paulo – SP – Brasil
Telefones: 885-8388/885-6878
1989

Agradecimentos:

Décio Pignatari
Jessie Palma
Lúcia Santaella
Lúcio Grinover
Lucrécia D'Aléssio Ferrara
Maria das Graças Fontes de Almeida
Norval Baitello Júnior

SUMÁRIO

INTRODUÇÃO

O universo urbano perfaz uma contextualidade que se move entre a pretensa hegemonia econômico-político-institucional (ideológica) que o preside, e os deslizamentos de seus níveis de controle e legitimidade – deslizamentos de significação – provocados pela emergência de variáveis sígnicas, não passíveis de processamento, senão por modificações no interior do código urbano: renovações de superfície, suspensão da tendência finalista, transcodificação. Esta contextualidade – movimento relacional – dá-se portanto na concretude desse universo, abrigando desse modo intenções projetuais de unidade e ações de usufruto contraditórias: uma concretude de linguagem.

Campo de investigação teórico-disciplinar e prática ordenadora (sistêmica), ainda não delimitados com clareza, o desenho urbano insere-se nesse universo como um processo projeto-construtivo de linguagem.

Meio que concentra e/ou expande outros meios, esse desenho constitui na sua materialidade um lugar privilegiado de recepção e aprendizagem coletivas. Fundado no entrecruzamento múltiplo de diferentes faixas sígnicas, (re-)monta um programa provisório e definitivo a um só tempo. Provisório porque dependente do estágio repertorial e da mutabilidade intrínseca com que produz suas representações e definitivo, por apresentar certos níveis de invariância ao reproduzir traços dessas mesmas representações, exibidos em sua diacronia.

A concreção desse programa, que no limite tende a confundir-se com o binômio espaço-tempo, caracteriza-se como uma prática que, dado o contínuo desdobramento estrutural, determina uma reinvenção permanente da ação codificadora que aí transita entre o dado natural e o artificial.

Operando circuitos háptico-visual-locomotores, mediante escalas variáveis de qualidade e cálculo – dispostos em conexão com os sistemas sócio-político-culturais – esse programa enquanto se desenvolve na direção de sua máxima definição utilitária (do projeto ao uso), abre um complexo leque funcional.

Com base no *corpus* global da experiência urbana e no desenvolvimento crescente de sua metalinguagem, a investigação acerca do desenho urbano deflagra vasto e fértil campo de sondagens epistemológicas entre natureza (*physis*) e cultura (*anti-physis*), evidenciando movediças esferas noológicas: de um lado introduzindo a questão do funcionamento e estabilidade da trama espácio-ambiental que esse desenho projeta; de outro, buscando detectar certas motivações fundantes intrínsecas a essa trama, em focos de incidência de vida urbana, não raras vezes operando com extremos sintático-semânticos.

A revolução científico-tecnológica dos últimos três séculos constitui, aqui, referência histórica fundamental, imprimindo aos meios de produção radicais transformações e problematizando os valores de troca e de uso. Como observa Henri Lefebvre, ainda que numa concepção da cidade algo clássica e artesanal, a da "cidadeobra", estas características irão contrastar "com a orientação irreversível na direção do dinheiro, na direção do comércio, na direção das trocas, na direção dos produtos. Com efeito a obra é valor de uso e o *produto* é valor de troca"[1].

A produção industrial (modernidade) dá origem à explosão urbana tal como a reconhecemos hoje, impõe novas e inesperadas necessidades funcionais e sobretudo cria o referente fundamental da cidade moderna: as massas.

Daí decorrem os fortes e constantes abalos no sistema global da ordem psicossocial hipotática, finalista – herdada da produção artesanal – os quais incidem diretamente sobre as configurações espaciais. Os antigos blocos sintagmáticos vindos da tradição clássica e barroca, perdendo o eixo em torno do qual estruturaram-se seus nexos sintáticos, expõem-se à fragmentação e especialização, à "atomização" espacial introduzida pela produção industrial.

Françoise Choay lembra, na interessante classificação das impostações do urbanismo moderno que estabelece, que tais impostações passam a pensar e propor a cidade como "modelo"[2]. Com este termo Choay pretende "sublinhar simultaneamente o valor exemplar das construções propostas e seu caráter reprodutível"[3]; afastando possíveis ressonâncias estruturalistas que o termo possa trazer.

De qualquer modo as idéias de modelo e de reprodutibilidade não estão isoladas neste contexto. Correlacionam-se a estas, as idéias de padrão, de exploração rigorosa das possibilidades estruturais e estéticas dos materiais (que adquirem, por assim dizer, constituição laboratorial) e ainda a idéia de uma "gramática construtiva" induzida pelo estabelecimento definitivo da pré-fabricação.

1. Henri Lefebvre, *O Direito à Cidade*, São Paulo, Documentos, 1969, p. 10.

2. Françoise Choay, *O Urbanismo – Utopias e Realidades*, São Paulo, Perspectiva, 1979, pp. 7 e 14.

3. *Idem*, p. 7.

Não por acaso, as intensas experimentações plásticas, estéticas, funcionais, levadas a efeito pelas impostações modernas, buscam fundamentar-se nas descobertas e métodos científicos, na "verdade" agora relativa e transitória, explorando os pontos de contato entre as várias áreas do conhecimento – estas começando a distanciar-se de uma tradição do trabalho intelectual cujo processo assenta-se sobre um sistema de classificação e arranjo que as dispõe de modo isolado e estanque, a "ciência normal" da qual fala Thomas S. Kuhn[4].

Construtividade, racionalização e economia – otimização funcional: ergonômica, térmica, plástica etc. – constituem os paradigmas gerais da modernidade arquitetônico-urbanística (incluindo-se aqui o neo-romantismo organicista), dos quais arquitetos e *designers* aproximam-se com maior ou menor freqüência conduzidos por procedimentos científico-tecnológicos e por uma profunda revisão e revitalização da noção de arte, trazendo implícita uma atitude crítica e projetual inovadora. Menos pelo fato de que, num primeiro momento, tais procedimentos conduzam a uma elaboração de "formalizações fechadas". Na realidade, começa a se esboçar aqui uma consciência de linguagem no tratamento das questões espaciais que, diga-se, será intensificada a partir da segunda metade deste século.

É neste contexto que a crítica e o projeto da série urbana, distanciando-se dos valores simbólicos da permanência – do fogo sagrado da cidade antiga às praças perspectivistas presididas pelas catedrais cristãs, desencadeia uma pragmática da linguagem urbana; isto é, uma pragmática da informação e comunicação urbana que aponta para o projeto da cidade (mediado pelo seu desenho e a despeito dos conflitos e contrastes inerentes à sua execução), como produto de um fazer simultâneo que caminha confirmando-se como materialidade sígnica; materialidade essa que adquire contornos precisos com o desenvolvimento eletroeletrônico em curso (pós-modernida-

4. Thomas S. Kuhn, *A Estrutura das Revoluções Científicas*, São Paulo, Perspectiva, 1982.

de). No percurso da metalinguagem produzida a partir do desenho urbano – aqui considerado na sua caracterização intersemiótica – este trabalho nasce de uma indagação acerca das interações entre as faixas sígnicas que estruturam o leque funcional urbano.

Partindo da suposição de que o desdobramento desse leque tenha de operar a dialética precisão-instabilidade e/ou imprecisão-estabilidade, intrínseca aos sistemas de signos, como se poderia compreender a relação entre estes e aquela, na concretude do desenho urbano? Ou desdobrando a questão para melhor explicitá-la: Que possibilidade tem o código que projeta esse desenho, o veículo que o corporifica e o uso que o atualiza, de processar uma função cuja mensagem apresenta-se em termos de baixa definição (simbólica) e com traços de auto-reflexividade, quer dizer, uma função "não terminal", cuja (de-) codificação implicando uma operação de descoberta dessa sua especificidade, centra-se precisamente no seu... descentramento?

Esta indagação abre-se naturalmente para outra mais ampla: O argumento urbano pode comportar uma tal instância de autonomia de linguagem?

Com amplitude e especificidade marcadamente interdisciplinares, as pesquisas no campo da linguagem, especialmente da "linguagem não verbal", encontram na Semiótica criada por Charles Sanders Peirce (1839/1914)[5], suas bases científicas e filosóficas, seu estatuto. Nossa investigação em particular fundamenta-se numa confluência da teoria peirceana dos signos com a teoria da linguagem de Roman Jakobson (1896/1982)[6]. Entre a lógica

5. Consultamos para a elaboração deste trabalho as seguintes fontes: Charles Sanders Peirce, *Collected Papers of Charles Sanders Peirce*, Cambridge, Harvard University Press. Vols. I, II, V, VI/1965; III, IV/1967; VII, VIII/1966. Traduções brasileiras:

- *Escritos Coligidos/Os Pensadores*, vol. XXXVI, São Paulo, Abril Cultural, 1974.
- *Semiótica*, São Paulo, Perspectiva, 1977.
- *Semiótica e Filosofia*, São Paulo, Cultrix, 1975.

6. Consultamos aqui basicamente: Roman Jakobson, *Lingüística e Comunicação*, São Paulo, Cultrix, 1975.

pragmática de Peirce erigida mediante o que denomina Ideoscopia (extenso e complexo sistema de descrição e classificação da experiência), e a formulação das funções de linguagem de Jakobson, estabelecida através da teoria da comunicação, operamos sobretudo com os modos associativos que subjazem aos sistemas de signos, similaridade e contigüidade, os quais foram distinguidos pela primeira vez por David Hume (1711/1776) e que constituem linhas de convergência entre ambas as concepções.

1. "Onde o homem sem nome é apenas um homem à sombra do Teu Nome"*

....

Ao primeiro golpe estás no chão, e tomas
Todo um lado do céu com Tua imensa estatura.

Ao segundo, estás morta:
Morto Gigante Almourol de barbas de neblina.

Em Tua mão direita
Planto o estandarte de Liliput.

(As formigas do Poema Te cobrem e Te devoram).*

* (Haroldo de Campos, "A Cidade",1951, *in*: *Xadrez de Estrelas*, São Paulo, Perspectiva, 1976, pp. 36 e 39.)

1.1. *Uma Definição Difícil*

O desenho na sua caracterização sígnica[1] assinala um projeto. Este índice – na sua dinamicidade, pluralidade funcional possível; na sua imediatidade, singularidade funcional – aponta simultaneamente para a sua constituição (um princípio de ordem, uma fundação) e para a sua definição utilitária (uma função específica). Entre uma e outra, um percurso experiencial que de acordo com a Ideoscopia peirceana desenvolve-se gradualmente das qualidades de sentimento às organizações em termos de operações interpretantes lógicas onde o significado de um signo é sempre outro signo "sucessivamente" (semiose).

1. Não utilizaremos neste trabalho o conceito diádico do signo lingüístico, tal como estabelecido por Ferdinand de Saussure, onde o termo designa a combinação significante/significado. (Cf. Ferdinand de Saussure, *Curso de Lingüística Geral*, São Paulo, Cultrix, 1977). Aqui estaremos operando o conceito de signo que resulta da relação triádica proposta por Peirce entre: signo/objeto/interpretante. Dentre as várias definições de signo elaboradas por Peirce selecionamos para melhor esclarecer o conceito com o qual estamos trabalhando, a seguinte: "Um signo, ou *representâmen*, é aquilo que, sob certo aspecto ou modo, representa algo para alguém. Dirige-se a alguém, isto é, cria, na mente dessa pessoa, um signo equivalente, ou talvez um signo mais desenvolvido. Ao signo assim criado denomino *interpretante* do primeiro signo. O signo representa alguma coisa, seu *objeto*. Representa esse objeto não em todos os seus aspectos, mas com referência a um tipo de idéia que eu, por vezes, denominei *fundamento* do representâmen. (...) (Charles Sanders Peirce, *Semiótica*, São Paulo, Perspectiva, 1977, p. 46. *Collected Papers*, 2.228).

Devemos acrescentar ainda que Peirce especifica o objeto do signo em: Objeto Imediato e Objeto Dinâmico. De acordo com Décio Pignatari, o primeiro refere-se a "uma idéia particular do objeto ('azul' uma qualidade da sensação que só pode ser conhecida por sentimento)", o segundo refere-se a "relações ilimitadas que o objeto contém ou suscita e que é o único possível de investigação científica ('azul', um certo comprimento de onda luminosa). Correspondentemente, prossegue Pignatari, "o Interpretante que é a 'significação', a 'interpretação de um signo', também pode ser dividido em Interpretante Imediato e Interpretante Dinâmico" e por fim haveria um "Interpretante Final, que '*finalmente decidiria*' sobre a interpretação verdadeira de um signo, se o exame do assunto fosse levado a um ponto em que se atingisse uma opinião definitiva (*ultimate opinion*)" (Décio Pignatari, *Semiótica e Literatura*, São Paulo, Perspectiva, 1974, p. 35).

Para um aprofundamento da questão cf. Peirce, *Escritos Coligidos*, pp. 117, 138 e ss. *Collected Papers*, 8.179 e ss.

Para Peirce "a Ideoscopia consiste em descrever e classificar as idéias que estão na experiência ordinária, ou que naturalmente brotam em conexão com a vida comum, independentemente de serem válidas ou não-válidas e independentemente de sua feição psicológica"[2]. Alertando-nos para o fato de que emprega o termo "Ideoscopia" em sentido diverso do termo "Fenomenologia" (com o qual poderia confundir-se), Peirce classifica o conjunto das idéias/experiências em três classes que denomina "Categorias Cenopitagóricas", dado seu caráter numèrico: Primeiridade, Secundidade, Terceiridade. Conforme Décio Pignatari correspondem à Primeiridade: sentimentos e sensações, a indeterminação no mundo físico, qualidades, crenças, artes; à Secundidade: o querer e a volição, a força, os fatos, a dúvida, o mundo dos negócios; à Terceiridade: o conhecer e a cognição, a regularidade estatística no mundo físico, as leis, o hábito, a consciência[3].

2. Charles Sanders Peirce, *Semiótica e Filosofia*, p. 135. *Collected Papers*, 8.328.

3. Cf. Décio Pignatari, *Op. cit.*, p. 30. Não nos estenderemos mais amplamente na exposição da concepção peirceana acerca das categorias da experiência. Contudo, se necessário para uma melhor compreensão das mesmas, além das obras já anteriormente mencionadas, destacamos o referido trabalho de Décio Pignatari, de onde extraímos a seguinte tábua de correspondências das tricotomias peirceanas (pp. 40-41/Prancha II):

	O SIGNO EM RELAÇÃO A:						
	SI MESMO	OBJETO		INTERPRETANTE	NÍVEL DE ANÁLISE	REINO OU CAMPO	CARACTERÍSTICA
			SIGNOS ICÔNICOS OU HIPO-ÍCONES				
PRIMEIRIDADE	QUALISSIGNO	ÍCONE	IMAGEM	REMA	SINTÁTICO	DO POSSÍVEL	QUALIDADE
SECUNDIDADE	SINSIGNO	ÍNDICE	DIAGRAMA	DICISSSIGNO OU DICENTE	SEMÂNTICO	DO EXISTENTE	CHOQUE, REAÇÃO
TERCEIRIDADE	LEGISSIGNO	SÍMBOLO	METÁFORA	ARGUMENTO	PRAGMÁTICO (SIGNIFICADO DE USO EFETIVO)	DA NORMA, DA LEI	GENERALIZAÇÃO

Devemos observar que da Primeiridade à Terceiridade peirceana – do ícone ao símbolo, na referência signo/objeto – as operações de processamento da representação estão imbricadas nas operações de processamento do sistema vivo humano: desempenho bio-físico-químico aliado à capacidade lógico-operativa estabelecida através das realizações sucessivas (*sapiens/loquens/faber*), ambos tornando possível o desenvolvimento da atividade projetiva e sendo por ela constantemente redimensionados (*feedback*). O desenho – representação de uma complexa planificação de formas, que subjaz à totalidade dos argumentos espaciais das atividades humanas – encontra sua especificidade estrutural numa lógica de linguagem fundada em eixos de analogia e continuidade[4], da qual participam simultaneamente a ordem e a desordem, a norma e a transgressão. Neste âmbito, tal representação mantém estreita correlação com as qualidades que a suscitam, desenvolvendo-se ao nível do ícone ou dos hipoícones (imagens, diagramas, metáforas), onde tende a permanecer. Desautomatizante e lúdico, (hemisfério direito do cérebro), o signo icônico faz divisar um "objeto novo", daí o caráter de descoberta e invenção que assume nos campos da ciência e da arte[5]. Diferentemente das representações que se desenvolvem mediante níveis de convenção acentuados, o desenho, em virtude de sua "natureza" icônica, guarda em relação à representação que enforma, traços da experiência que o produziu; bem como desvela aspectos inusitados do objeto que substitui e só desse modo adquire coerência e sentido. Sua iconicidade é ainda responsável pela luta que empreende para transcender a dependência que lhe é imposta pelo suporte que o veicula; sem este estaria – "criação pura" – condenado ao desaparecimento.

Oscilando entre um quase-projeto de formas que o funda (anterior e mais amplo) e o projeto propriamente dito que o torna fundante, o desenho percorre uma escala

4. Cf. Décio Pignatari, "A Ilusão da Contigüidade", in: *Através* 1, São Paulo, Duas Cidades, s.d., pp. 30 e ss.

5. Como observa Décio Pignatari, in: *Semiótica e Literatura, Op. cit.*, p. 54.

teleonômica, um programa em permanente conflito com a entropia inerente ao processo: de uma descoberta a um projeto, e deste à sua execução, há o perfazer de uma interação de possibilidades relacionais, a princípio ambígua e incerta. No rastro dessa incerteza, uma aderência cognitiva.

Embora não constitua em si mesmo um signo com "função terminal", como os símbolos de certo modo o fazem, o desenho pode abrigar em sua polissemia momentos onde se mostra "fixável". Desse modo podemos considerar o "desenho artístico", o "desenho técnico", o "desenho científico" etc., momentos estes onde intervêm métodos codificadores que necessariamente têm de operar com regras e/ou convenções bastante específicas, impulsionando assim o desenho na direção de um possível estatuto simbólico[6]. Contudo, permanecendo em sua definição possibilidades significantes nunca de todo preenchidas, resíduos irredutíveis de intradução, tal estatuto revela-se frágil, esgarçando-se entre o voluntário e o

6. Consideramos aqui que o percurso que vai do ícone ao símbolo constitui um percurso informacional que caminha (em nível decrescente de informação), da baixa definição para a alta definição, de uma instância sígnica analógica para uma lógica ("arbitrária"). Contudo devemos lembrar que a questão do ícone é complexa e controversa. Umberto Eco após analisar as possibilidades de codificação do signo icônico (numa perspectiva diádica do signo), acaba por questionar a própria analogicidade e/ou iconicidade do icônico, apontando para o grau de convencionalidade presente na construção de um modelo perceptivo que examina (cf. Umberto Eco, *A Estrutura Ausente*, São Paulo, Perspectiva, pp. 112 e ss.). Para Décio Pignatari, Eco limita-se nesse exame "ao campo dos códigos visuais imitativos em relação à percepção do objeto", desconsiderando a perspectiva propriamente icônica como concebida por Peirce, decisivamente vinculada à sua Ideoscopia (cf. *Semiótica e Literatura*, p. 42). Eco retoma posteriormente a questão, cf. a respeito: *Tratado Geral de Semiótica*, São Paulo, Perspectiva, 1980, pp. 169 e ss. Cabe lembrar ainda o ensaio de Lúcia Santaella, onde desdobrando aspectos acerca da Primeiridade peirceana, destaca a emergência da dimensão de concretude do ícone: "Reiteramos: à tradução em forma do mero sentimento de qualidade, instante único e indiscernível de maior proximidade viva da consciência com o fenômeno apreendido, podemos chamar Ícone; forma sensível que retém e objetiva, num corpo materialmente organizado, a indeterminação da qualidade de sentimento" (...) (Maria Lúcia Santaella Braga, "Apontamentos para a Questão do Ícone/A Dimensão do Concreto", in: *Produção de Linguagem e Ideologia*, São Paulo, Cortez, 1980, p. 128).

involuntário num conflito perene: o movimento não codificável das qualidades que se antecipam ou regridem, evoluindo ou degenerando signicamente enquanto "caminham" em direção à síntese informacional que buscarão conduzir.

1.2. *O Signo Invasor*

Da expressão ao fato – da representação projetual às complexas interconexões ambientais, a sociedade urbano-industrial (especialmente em virtude da incessante renovação de suas fontes energéticas), tende a produzir um código intersintático, cujo paradigma chave reside numa gradual descentralização integrativa, capaz de atender, orientar e mesmo desencadear exigências funcionais através de uma espécie de "objetividade autônoma" que por vezes parece ignorar completamente o conjunto normativo (legissigno-simbólico-argumental)[7], que hierarquiza e subordina tal sociedade. Assim é que a origem e história de seus produtos se nos apresentam como prolongamento e amplificação de uma *performance* específica do homem: a produção sígnica.

As articulações ambientais – sínteses funcionais cujo sentido será sempre atualizado pelo uso – só são possíveis mediante vetores de informação e comunicação: um mundo de "objetos" dispostos como mensagem, "elementos" fixos e móveis em estado de contágio sígnico a transubstanciar a natureza cotidianamente.

Na interface do atual processo tecnológico que hiperpotencializa tais articulações, inscrevem-se instâncias de ruptura epistemológica: a oposição que habitualmente é concebida entre "espontâneo" e "projetado" revela-se como um falso confronto. A suposta hegemonia de um ou de outro cede lugar à evidência de uma rede intersemiótica cuja cambiância funcional contemporânea redescobre. Laborando com o transitório e mesmo o aleatório (sobretudo incorporado nos pólos de recepção), esta rede cuja combinatória parece ser ilimitada (coincidindo no limite

7. Cf. Peirce, *Semiótica, Op. cit.*, pp. 55 e ss. *Collected Papers*, 2.254 e ss.

com um programa evolutivo geral), apresenta-se como uma construção/desconstrução em processo. Circunscrevendo o limiar de um campo estrutural (emergências informacionais), dotada que é de um programa, de interações morfológicas, de mecanismos de reprodução, instaura-se como modalidade de uma ordem nem sempre coincidente com aquela institucionalmente disposta. Tal ordem cuja extensão e profundidade evidencia-se no tempo, revela os eixos de semelhança e diferença que constituem o material básico capaz de permitir os procedimentos tradutórios envolvidos na atividade projeto-construtiva seja qual for sua disposição sistêmica: artesanal, industrial pesada ou leve etc. Dentre estes procedimentos, o desenho apresenta-se particularmente como uma competência privilegiada. Recorte discreto que deixa entrever o *continuum* a partir do qual foi sintetizado, correlaciona-se, ao nível de sua expressão, a operações limitantes, matemáticas, de caráter eminentemente construtivo e ao nível de sua existência como um fato, a operações abertas, às vezes imponderáveis, cujo caráter ambíguo possibilita também a desconstrução. Se ambos parecem perpassados por uma *mimesis*, esta situa-se na tensão interna do jogo operatório entre semelhanças e diferenças. Do lápis à praça e à nave que vemos explodir na tela da televisão, há sem dúvida o perfazer de um processo modelizador crescente (projeto) a instaurar, porém, zonas de precipitação perceptiva (produtos ambientais), que abrem contínuas brechas nesse processo, determinando sua reversão/reinvenção permanentemente.

A expansão pragmático-utilitária em curso busca maximizar o circuito forma/função/uso, comprimindo, miniaturizando, reprocessando as faixas ambientais que produz. Sua conformação – desenho + desempenho – compõe antes uma correlação significante do que uma estratificação bem delimitada de significados determinados. Tal iconicidade é a responsável pela realimentação contínua do produto ambiental, constituindo uma espécie de "conteúdo latente" deste. Persuasivo na sua configuração imediata, pois que é ideológico, o produto ambiental na sua dinamicidade parece habitar – invasor e mutante – o núcleo de sua própria dissuasão.

1.3. *A Escritura Urbana*

O desenho urbano se dissemina e se assinala na inter-relação significante que subjaz à organização (possibilidades construtivas) dos edifícios, praças, ruas, avenidas e todas as espécies de opacidades e transparências que compõem a cidade. A sintaxe desse desenho estabelece, no seu nível sintagmático, circuitos háptico-visual-locomotores, cuja "etimologia", por vezes transparecendo de modo quase integral e palpável, desdobra súbita e complexa tessitura de referências. Repartindo e recompondo volumes, direções, escalas, tal sintaxe funda-se numa tripla relação de representação: inscreve sobre o espaço (suporte físico-geográfico), inscreve o espaço (grafa a espacialização da vida urbana), inscreve a interação espaço/tempo (espessura histórica).

Na realidade toda e qualquer mensagem só pode ser veiculada através do e/ou no espaço: do pensamento à configuração de uma forma arquitetônica, constituindo este uma espécie de primeiro e último sentido de si mesmo. Meio que engloba todos os meios, é ele que viabiliza toda mensagem, vale dizer, linguagem: acaso, probabilidade, necessidade. Estado de justaposição ideal, não é uma coisa, mas antes, uma possibilidade de relação e organização. Como um quase-signo[8], atravessa todas as operações intersemióticas.

A produção do desenho urbano – produção de espaços – é consubstanciada mediante a digitalização deste *continuum*. Aqui o código geométrico apresenta-se como o instrumento digitalizador por excelência, embora o desenho urbano como tal não se funde nele, conformando-se através de combinações intercambiáveis propiciadas por múltiplos códigos. Além disso, o processo pelo qual se conduz esta digitalização traz submerso seu eixo analógico. Desenhar a cidade é "cortar espaços" e é nes-

8. Tal como (in-)definido por Décio Pignatari, *Semiótica e Literatura, Op. cit.*, pp. 56 e ss: "O quase-signo não é forma preenchível, mas que preenche, ante-proto-quase-projeto que é de formas – e, portanto, de significados" (p. 59).

sa diminuição que aumenta que se dá a invenção do desenho urbano.

Ícone – trama de ícones – interconectado em três dimensões, envolvendo uma idéia de modelo (ocorrências estruturais regulares, onde concorrem as faixas paradigmáticas projetuais), o desenho urbano instaura, de modo algo paradoxal, um espaço discreto. Diagramando uma síntese de desempenho funcional, suas "partes" não são estanques: planos, intervalos, seqüências montam-se em torno de um "eixo de rotação" que os congrega: uma relação fundamental de coordenação, aliás nem sempre enunciada. A polarização simbólica induzida pelo repertório convencionalizado dos usos faz emergir uma fisionomia que temporaliza esse espaço. Possivelmente recortando-se o processo do desenho urbano em fases (planejamento/projeto, execução, uso, por exemplo), pode-se dispô-lo nos termos de toda a classificação dos signos propostas por Peirce. Entretanto vamos nos deter, aqui, na sua matriz formadora.

Comportando graus de convenção variável durante sua realização, o desenho urbano resgata a iconicidade que o perpassa, ao materializar-se como ambiente. Este, numa espécie de contrafluxo da ordem obtida via digitalização, faz irromper a continuidade na qual aquele está fundado. Eis aí uma possível interface da natureza do desenho urbano: forma que se procura e da qual ele não é mais que o registro das freqüências qualitativas que o precipitam; isto é, que o tornam ambiental. Lembremos: esta forma supõe uma assimilação de suas potencialidades significantes para atualizar-se, para inaugurar um lugar (= espaço apropriado), o que implica a construção gradual da experiência sensível, seja no pólo de emissão ou recepção das mensagens que transporta. Hipercomplexidade sígnica: esta forma gera (e é gerada por) um meio dinâmico de propriedades que incorporam, num *continuum*, os inúmeros traços constituintes da visão, tato e locomoção (cores, texturas, superfícies), como estes se integram na conjunção de nossos sentidos[9]. Como tal, é

9. Cf. Maria Lúcia Santaella Braga, "Arquitetura como Processo de Linguagem", in: *Produção de Linguagem e Ideologia, Op. cit.*, pp. 133 e ss.

apreendida no seu modo de manifestação mais imediato, na sua Primeiridade: instâncias imprecisas de pulsação, temperatura, luz, contorno. Aqui o interpretante (usuário) atua como co-produtor dessas microestruturas que o envolvem, incitando-o a suprir as conexões. Nesse âmbito, o fora e o dentro constituem uma dialética de posições reversíveis/relativas onde está implícita a idéia de movimento, a posição do receptor e o vínculo homem/campo de gravitação: interior/exterior/vertical/horizontal/aberto/fechado/positivo/negativo/cheio/vazio/continente/conteúdo etc. Oscilando entre a concentração e a dispersão, em gradientes variáveis interpenetram-se na concretude do desenho urbano e desse modo seus limites, entrando em diluição, produzem uma espécie de trocadilho em movimento alternado.

Cada código atuante no processo de corporificação do desenho urbano fornece informações que lhe são específicas. Assim o código urbano global é produto de um reprocessamento interminável dessas informações, através de uma intersemiose que no limite "cola" signo e veículo numa mesma "peça", revelando não um "objeto", mas um complexo de estruturas, propriedades e funções. As relações de representação (relações sígnicas) que daí advêm, abrem inevitavelmente um campo de possibilidades de interpretantes (significados), prevista ou imprevistamente de acordo com os signos presentes e/ou ausentes, manifestos e/ou latentes, repertório de expectativas, taxa de redundância etc., que acaba por fixar o desenho urbano como uma escritura[10]. A escritura dos ritmos que indi-

10. A noção de *escritura* correlaciona-se aqui a duas formulações. A primeira delas constitui uma concepção de Roland Barthes que, embora centrada em torno do "mundo verbal", aponta para uma "sobrenatureza da linguagem" que a nosso ver coincide com a concepção de linguagem com a qual opera este trabalho. Diz Barthes sobre a escritura: "Ela é muito menos uma provisão de materiais do que um horizonte, ou seja, um limite e uma parada ao mesmo tempo, numa palavra, a extensão tranqüilizadora de uma economia. O escritor não extrai nada dela, a rigor; para ele, a língua constitui antes uma linha cuja transgressão designará talvez uma sobrenatureza da linguagem: ela é a área de uma ação, a definição e espera de um possível. Não é o lugar de um engajamento social, mas somente um reflexo sem escolha, a propriedade indivisa dos homens e não dos escritores; ela permanece

cam a passagem concreta de um mundo de sinais (energia) para um mundo de elaborações mentais (idéias, signos)[11], mediada pela corrente das qualidades/sentimentos; uma escritura ideogrâmica. Quanto ao ritmo, este como esclarece* Octavio Paz,

não é medida: é visão de mundo. Calendários, moral, política, técnica, artes, filosofias, tudo enfim, que chamamos cultura mergulha suas raízes no ritmo. Ele é a fonte de todas as nossas criações. Ritmos binários ou terciários, antagônicos ou cíclicos alimentam as instituições, as crenças, as artes e as filosofias. A história mesma é ritmo. E cada civilização pode reduzir-se ao desenvolvimento de um ritmo primordial[12].

fora do ritual das letras; é um objeto social por definição, não por eleição. Ninguém pode, sem preparação, inserir sua liberdade de escritor na opacidade da língua, porque através dela toda a História se mantém, completa e unida à maneira de uma Natureza" (Roland Barthes, *Novos Ensaios Críticos/O Grau Zero da Escritura*, São Paulo, Cultrix, 1974, p. 112). A segunda destas formulações encontra-se em Jacques Derrida, para quem a noção de escritura abarca hoje, "tudo o que pode dar lugar a uma inscrição em geral". Depois de advertir – a partir da relação escritura/linguagem que estabelece – para a degradação do uso da palavra linguagem, diz Derrida: "Há, agora, a tendência a designar por 'escritura' (...): não apenas os gestos físicos da inscrição literal pictográfica ou ideográfica, mas também a totalidade do que a possibilita; e a seguir, além da face significante, até mesmo a face significada; e, a partir daí, tudo o que pode dar lugar a uma inscrição em geral, literal ou não, e mesmo que o que ela distribui no espaço não pertença à ordem da voz: cinematografia, coreografia, sem dúvida, mas também 'escritura' pictural, musical, escultural etc. (...). Tudo isso para descrever não apenas o sistema de notação que se anexa secundariamente a tais atividades, mas a essência e o conteúdo dessas atividades mesmas. É também neste sentido que o biólogo fala hoje de escritura e *pro-grama*, a respeito dos processos mais elementares da informação na célula viva. Enfim, quer tenha ou não limites essenciais, todo o campo coberto pelo *programa* cibernético será campo da escritura" (Jacques Derrida, *Gramatologia*, São Paulo, Perspectiva, 1973, p. 11). Para uma diferenciação quanto ao uso das palavras *escritura* e *escrita* no Brasil, conferir o posfácio de Leyla Perrone-Moisés à sua tradução de *Leçon* de Roland Barthes: *Aula*, São Paulo, Cultrix, 1980, pp. 74 e ss.

11. Cf. Max Bense, *Pequena Estética*, São Paulo, Perspectiva, 1975, pp. 71 e ss: "Falamos de sinal *vivo* quando este se apresenta, efetivamente, como evento, por conseguinte, é atuante apenas na duração do processo energético; e falamos, de sinal *morto* quando, independentemente de sua energia criadora, apresenta-se fixado como configuração e está armazenado (na fita magnética, no quadro visual, como escrita).

A passagem do sinal (energético) para o signo (selecionado) pode ser conseguida quando, por signo compreendemos um sinal 'morto', ou seja, um sinal armazenado ou fixado configurativamente" (p. 73).

12. Octavio Paz, *El Arco y la Lira*, México, Fondo de Cultura Económica, 1973, p. 59.

Dos estoques morfológicos e sêmicos que permitem articulações das mais regulares às mais ambíguas, sempre algebricamente discerníveis os primeiros, e menos precisamente delimitáveis os segundos, o desenho urbano é também espelhamento. Um espelhamento cuja homologia não constitui apenas correspondência, isomorfismo, identidade, mas principalmente, desvio. Espelhamento do "tropo" cambiante que caracteriza seus nexos associativos, seus eixos paradigmático (seleção/similaridade/coordenação) e sintagmático (combinação/contigüidade/subordinação). De fato a imagem da cidade, cujo significado só se estabelece a partir de uma "consciência que percebe", depende dessa virtualidade.

Cotidianamente vivida, a imagem urbana é leitura-tradução do interpretante urbano que, mediante processos perceptivos e remissivos, circunscreve-a gradualmente num mosaico mnemônico. Aqui a memória – sintagma saturado – é redescobrimento em profundidade do percurso diário que decupa e monta essa imagem.

Conciso (sentido amplamente compartilhado) e prolixo (sedimentação histórica), o imaginário urbano guarda as marcas de uma épica em elaboração cujo devir vai sendo decifrado na medida em que cifra no presente seu *ethos* inaugural, perfazendo o entrecruzamento espaço e linguagem, o lugar do mito.

Realidade incerta, tecido sensível sobre o qual se desenrola a confrontação social, a escritura urbana é palimpsesto que pensa e desenha a cidade, pensando-se e desenhando-se a si mesmo – tanto mais denso quanto mais transparente.

1.4. *A Função Infinitesimal*

A multifuncionalidade urbana é "finalidade" e significação. Seu horizonte contextual – desdobramento de possibilidades de uso – evidencia não apenas a luta pela hegemonia entre faixas funcionais bem como as relações estruturais que as vinculam e potencializam.

Num importante ensaio acerca das funções na arquitetura, Jan Mukarovsky observa que o conjunto dessas funções, estando enraizado na constituição antropológica do homem, comparece virtualmente em toda a atividade humana e acrescenta: "em toda atividade e no produto que dela resulta estão potencialmente presentes funções diferentes daquelas que o produto desempenha"[13] (...).

Cabe lembrar ainda que Mukarovsky aponta para a dificuldade de distinção entre funções primárias e as que delas derivam, diz ele:

> Mesmo no atual estado de máxima autonomia das funções é por vezes difícil delimitar e distinguir com precisão a participação de certas funções num ato ou tipo de ato; ainda mais difícil seria julgar com precisão quais das funções reconhecíveis são primárias, isto é, irredutíveis e não condicionadas historicamente, e quais são, pelo contrário, derivadas, criadas pela diferenciação das funções primárias[14].

Esse imbricamento das funções apontado por Mukarovsky, para nós tanto mais evidente justamente quanto mais autônomas essas funções se apresentarem, constitui, antes de tudo, sua própria informação ou informação sobre sua estrutura. Desse modo, tal imbricamento, submerso no desenho urbano, atualiza-se na medida em que este desenho, comunicando desempenhos possíveis, possibilita o estabelecimento efetivo de um uso; isto é, de um significado. Aqui o leque funcional codificado no desenho urbano é funcional sobretudo porque comunica essa funcionalidade. Toda função prevista por este desenho expressa-se pois como uma função sígnica ou de linguagem. Podemos esquematizar muito simplificadamente, como se segue, esse processo comunicacional:

13. Jan Mukarovsky, "El Problema de las Funciones en la Arquitectura", in: *Escritos de Estética y Semiótica del Arte*, Barcelona, Gustavo Gili, 1977, p. 176.

14. *Idem*, p. 175.

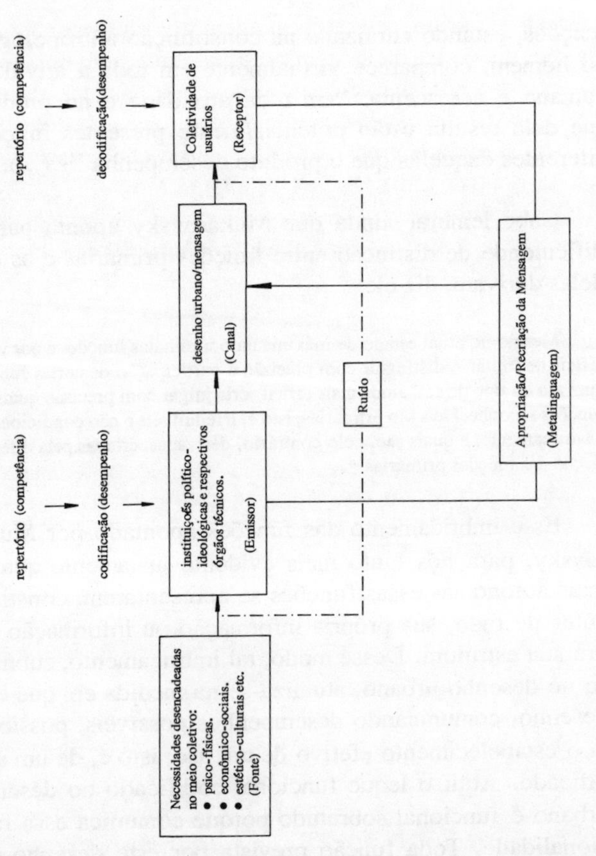

Roman Jakobson ao definir as funções de linguagem, a partir da teoria matemática da informação e comunicação (Shannon e Weaver), adverte-nos para o fato de que dificilmente podemos individuar mensagens que preencham uma única função e que a variedade comunicacional reside não no monopólio de alguma das diversas funções, mas numa ordem hierárquica entre elas, ordem contudo relativa[15].

15. É verdade que Jakobson visa a comunicação verbal. Contudo e especialmente no que diz respeito à função poética de linguagem, o autor aponta mais de uma vez (implícita ou explicitamente), para sua presença nos sistemas de signos não verbais. Cf. Roman Jakobson, *Lingüística e Comunicação*, especialmente os capítulos: "A Linguagem Comum dos Lingüístas e dos Antropólogos" e "Lingüística e Poética").

Dentre as funções de linguagem definidas por Jakobson, segundo sua incidência predominante num dos pólos do processo comunicacional, aquela que visando promover o caráter palpável dos signos e de seus modos associativos centra-se na própria mensagem, designa-se função poética (ou estética) de linguagem[16]. A definição desta função por Jakobson parece confluir para aquela constituição funcional imbricada a que nos referimos na

16. São seis as funções de linguagem estabelecidas por Jakobson, conforme a incidência predominante num dos pólos do processo comunicacional:

1 – *função emotiva (ou expressiva)*: "centra-se" no pólo de emissão da mensagem, visando a uma expressão do modo como esta emissão se posiciona em relação ao que está sendo transmitido. O desenho urbano pode assumir esta função nos espaços de configuração das instituições político-ideológicas, administrativas, religiosas, de classes etc.

2 – *conativa (ou imperativa)*: "centra-se" no pólo de recepção da mensagem, visando a uma decodificação orientada e dirigida. Tal função pode emergir no desenho urbano na medida em que as possibilidades de ocupação e uso do solo estejam regulamentadas por lei, como por exemplo no zoneamento urbano, no sistema viário etc.

3 – *função fática (ou de contato)*: "centra-se" no canal de comunicação visando verificar a continuidade de seu funcionamento. Pode comparecer no desenho urbano, em todos os elementos que propiciem a evidência de uma continuidade ambiental, como por exemplo a sinalização, a pavimentação e iluminação, o ritmo cheio/vazio das construções etc.

4 – *função metalingüística*: "centra-se" no código utilizado na constituição da mensagem visando verificar as características funcionais do próprio código. Pode comparecer no desenho urbano nos espaços cuja configuração remete ao código que o produz, como, por exemplo, nos monumentos de fundação e/ou da história urbana, nos modos de ocupação que perfazem um desenho previamente estabelecido (gabaritos, recuos, volumetrias, utilizados de modo a compor um desenho específico) etc. Na realidade o processo urbano como um todo correlaciona-se a esta função.

5 – *função referencial*: "centra-se" no contexto da mensagem, visando delimitar e precisar seu referente. Constitui no desenho urbano a função mais geral e explícita na medida em que comparece neste como um indicador das várias atividades específicas que pode abarcar: habitar, trabalhar, circular etc.

6 – *função poética (ou estética)*: "centra-se" na própria mensagem visando promover o caráter palpável dos signos que a constituem; incidindo na sua "natureza de linguagem", subjaz a todas as outras funções. Pode ser observada claramente no desenho urbano nos casos de "intensificação plástico-estética", contudo é na possibilidade de perpassar todas as outras funções que assume toda sua significação.

citação de Mukarovsky, pois que ao incidir diretamente na constituição sígnica, incide também na sua base estrutural.

Na intersignicidade entre emissão e recepção presente no fluxo comunicacional urbano, a mensagem urbana, buscando precisar seu referente (uma especificidade funcional), incide necessariamente no funcionamento do canal que a veicula (desenho/ambiente) ao mesmo tempo que estabelece uma relação recíproca e fundamental entre o código utilizado e o conjunto de signos que a corporifica. Esta multiplicidade direcional inerente à mensagem constitui o potencial de atualização do leque funcional urbano (sua informação estrutural), seja para simplesmente confirmá-lo, para introduzir uma novidade ou ainda para violá-lo.

Num plano geral, a mensagem urbana orientando e conduzindo as operações funcionais requeridas pelo contexto urbano dispõe-se no seu desenho nos termos da função referencial de linguagem: função altamente definida e codificada e assim constituindo repertório institucionalmente legitimado e legislado – símbolo e hipotaxe.

Contudo é na sua potencialidade multidirecional que a mensagem urbana assume "plena" significação. A presença de tal potencialidade no desenho urbano subjaz a todas as funções desempenhadas pelo leque funcional. Indiciando-se a si mesma, pode fazer deslocar o centro referencial dominante para o centro de sua constituição sígnica, isto é, para centro nenhum, dado o seu caráter múltiplo e simultâneo. É a função poética de linguagem que atuando sintaticamente no desenho urbano pode promover toda espécie de ruptura da função referencial, tornando-a ambígua, abrindo-se à diferenciação na produção de usos imprevistos: paródia, carnavalização, estranhamento, signo novo enfim[17]. Tal função diz respeito à ampliação da taxa de informação do repertório e aos contínuos golpes à estabilização da pragmática urbana: ícone e parataxe.

17. Tais procedimentos foram amplamente estudados por Lucrécia D'Aléssio Ferrara, in: *A Estratégia dos Signos*, São Paulo, Perspectiva, 1981.

Ainda uma vez como revela Jakobson: "*a função poética projeta o princípio de equivalência do eixo de seleção sobre o eixo de combinação*"[18]; isto é, paradigmatiza o sintagma ou projeta a similaridade sobre a contigüidade, num jogo onde "toda metonímia é ligeiramente metafórica e toda metáfora tem um matiz metonímico[19].

A evidência da presença da função poética no leque funcional, diacrônica ou sincronicamente, não apenas põe em questão o horizonte finalista do desenho urbano. A aparente derrisão, da qual parece ser portadora, outra coisa não é que a emergência de possibilidades construtivas sempre renovadas neste desenho, na medida em que infinitesimal e abdutivamente perpassa o cerne de cada função específica. Trata-se de uma função proliferante, na realidade uma forma que é função.

A aparente subtração de sentido que caracteriza a função poética de linguagem em seu nível pragmático, conflui, a nosso ver, para aquela "sugestão de que algo *pode ser*" na caracterização da inferência abdutiva de que fala Peirce. Diz ele a respeito, nos parágrafos que se seguem:

> Com respeito à validade da inferência abdutiva, há pouco que dizer, se bem que esse pouco seja pertinente para o problema que temos em mãos.
>
> Abdução é o processo para formar hipóteses explicativas. É a única operação lógica a introduzir idéias novas; pois que a indução não faz mais que determinar um valor, e a dedução envolve apenas as conseqüências necessárias de uma pura hipótese.
>
> Dedução prova que algo *deve ser*; Indução mostra que algo *atualmente é* operatório; Abdução faz uma mera sugestão de que algo *pode ser*.
>
> A sua única justificação é que da sugestão a dedução pode tirar uma predição testável pela indução, e que para apreender ou compreender os fenômenos só a abdução pode funcionar como método.
>
> Não se pode fornecer nenhuma razão para justificá-la, que eu saiba; mas também não precisa, pois só oferece sugestões.
>
> Tem que se estar completamente louco para negar que a ciência fez muitas descobertas verdadeiras. Mas todos os elementos de teoria científica que foram estabelecidos até hoje foram-no através da Abdução. (...)
>
> Se o homem adquiriu a faculdade de adivinhar os desígnios da Natureza, não foi certamente através de uma lógica crítica e autocontrolada. Mesmo agora não é capaz de fornecer uma razão exata para as melhores conjecturas. Parece-me que a afirmação mais clara acerca da situação lógica [do problema] (...) é que o homem possui uma Compreensão (*Insight*) da Ter-

18. R. Jakobson, *Lingüística e Comunicação*, *Op. cit.*, p. 130.
19. *Idem*, p. 149.

ceiridade, dos elementos gerais, da Natureza, cujos acertos, se não ganham *a priori* do erro, também não se pode dizer que sejam esmagados por ele. Chamei-lhe *Insight* pois pertence à mesma classe de operações na qual estão incluídos os Juízos Perceptivos. Tem a natureza do Instinto, sendo semelhante aos instintos dos animais no ultrapassar o poder da razão e no sentido de guiar-nos como se estivéssemos de posse de fatos inteiramente fora do alcance dos sentidos. Assemelha-se ao instinto também pela reduzida tendência ao erro; embora erremos freqüentemente, a freqüência relativa com que acertamos é a coisa mais maravilhosa de nossa constituição animal[20].

Lembremos a propósito do que dissemos e por isso, o poema de Augusto de Campos[21]:

20. Peirce, *Escritos Coligidos, Op. cit.*, pp. 52-53. *Collected Papers*, 5.171, 5.172 e 5.173.

21. Augusto de Campos, "Bestiário – para fagote e esôfago"/1955 (fragmento inicial), in: *Viva Vaia*, São Paulo, Duas Cidades, 1979, p. 79.

sim
o poeta
infin
itesi
(tmese)
mal
(em tese)
existe
e se mani
(ainda)
festa
nesta
ani
(triste)
mal
espécie
que lhe é
funesta

atrocaducapacaustiduplielastifeliferofugahistoriloqualubrimendimu

2. DESENHO URBANO E MONTAGEM

riodiplastipublirapareciprorustisagasimplitenaveloveravivaunivoracidade
city
cité

(Augusto de Campos, "Cidade", 1963, in: *Viva Vaia*, São Paulo, Duas Cidades, 1979, p. 115.)

2.1. *Função Poética e Montagem*

Edificações e sistema viário constituem os paradigmas gerais cuja articulação – pontuada por nós, níveis, margens, vazios etc. – determina os possíveis registros sintagmáticos do desenho urbano. Tais registros de aspecto, por assim dizer, partitural – urbogramas – são produto das interações essenciais advindas do processo tecnológico ou por ele reveladas, entre os eixos da similaridade e contigüidade. A projeção do primeiro sobre o segundo caracteriza tanto a função poética de linguagem quanto deflagra a necessidade e urgência estrutural sobre a qual se monta a linguagem desse desenho. A realidade dessa projeção, pouco ou nada tendo de psicológico ou sociológico, consiste em periodicamente romper a sintaxe que comanda as camadas sintagmáticas em depósito, à semelhança de uma decapagem, um trabalho de arqueologia sígnica, impulsionando a transição gradual de um código em outro, na medida em que emerge no leque funcional urbano em virtude da produção de informação. Trata-se na verdade de uma ampliação da funcionalidade mesma e de uma melhor integração do desenho, tendo em vista o seu uso, perfazendo as necessidades de uma economia sígnica. É deste modo que a montagem urbana avança em direção a novas configurações: revertendo os níveis simbólicos do urbano, descentrando o fluxo comunicacional de seu referente (provisório e perecível) e recolocando em curso o feixe icônico sobre o qual "repousa".

Tal é a pertinência de uma função cujo desempenho pondo em questão sua própria constituição e finalidade pode imprimir profundas transformações no leque funcional.

Claro está que a execução do projeto urbano como um todo, no seu pólo de emissão, confunde-se com um pólo do poder, seja nas economias "capitalistas" ou "socialistas". Desse modo, freqüentemente o desenho urbano, enquanto montagem, caminha a reboque da via de mão única dos mecanismos legisladores indutivos ou de uma espacialização por vezes extremamente delimitada como exige um quadro social e institucional de alta definição. De um ou de outro modo, a montagem urbana sofre os influxos da projeção da abstração ideológica erigida em contigüidade, fazendo submergir a similaridade natural que lhe dá origem.

Contudo em meio a campos de forças empiristas ou deterministas aí está a cidade: forma, desenho, montagem, correlações espácio-projetuais cujas possibilidades de significação extravasam em muito os limites da propriedade do solo e seu papel como agente produtivo ou ainda a rigidez semântica das localizações funcionais, descaindo das bordas do "disco ideológico" de dicção anacrônica.

Conjugando as categorias peirceanas aos níveis de análise do signo propostas por Charles Morris (Sintático: relação signo/signo; Semântico: relação signo/objeto; Pragmático: relação signo/interpretante)[1], Décio Pignatari distingue três tipos de montagem, ou três momentos de seu processo: Montagem I (montagem propriamente dita), Montagem II (ou colagem), Montagem III (ou bricolagem)[2].

Podemos observar a incidência desses três tipos de montagem no desenho urbano subjazendo aos movimentos e esforços de integração e/ou reintegração ambientais.

A montagem propriamente dita pode coordenar a estruturação do desenho urbano através de uma sintaxe de continuidade espacial e de paramorfismos, encontrando na modulação, por exemplo, um modo privilegiado para manifestar-se. Modulação implica repetição, mas não necessariamente numa reprodução do mesmo. Antes, pode tratar-se de uma reprodução dos traços diferenciais que estão na base do eixo paradigmático. É nesta perspectiva que a montagem que se manifesta via modulação pode evidenciar claramente seu caráter de simultaneidade e, não apenas pela variação quantitativa, numérica ou posicional que permite, mas sobretudo porque constitui uma abertura à diferenciação. Justaposição contínua de pla-

1. Charles W. Morris, *Fundamentos da Teoria dos Signos*, São Paulo, Eldorado/Edusp, 1976.

2. Décio Pignatari, "Semiótica da Montagem", in: *Através* 1, São Paulo, Martins Fontes, 1983, pp. 168 e ss.

nos, onde a cada ocorrência específica, todo o processo é reinventado, a montagem poderia, por hipótese, ocorrer indefinidamente. Lembremos a título de exemplo as estruturas geodésicas de Buckminster Fuller, o projeto da "Cidade Global" de Mike Mitchell e Dave Boutwell de 1969, ou as megaestruturas de modo geral.

De certo modo, pode-se dizer, a Montagem I é por excelência programática e espacial.

A Colagem constitui o modo mais comum de estruturação do desenho urbano. Aponta para um princípio seletivo entre os paradigmas, quer dizer, perfaz-se em polarizações sintáticas: o espaço sendo pontuado, diagramado. Prenuncia uma escala de valências semióticas que ainda não está fixada e que pode sofrer mudanças súbitas[3]. O desenho urbano cujo plano básico seja menos diretor e mais coordenador, pode caracterizar a Montagem II.

Finalmente a Bricolagem corporifica uma espécie de exorbitância da contigüidade no desenho urbano, implicando a complexidade de conjuntos e subconjuntos ("acidentais"), em sobreposições e domínios; em "enunciados" ambientais.

De certo modo, pode-se dizer, a Montagem III é menos programática (aspecto certamente paradoxal) e mais temporal.

Devemos observar contudo que o excesso de bricolagem incide numa saturação dos códigos dos quais provém, em virtude do caráter proliferante e de ruptura da ordem preestabelecida que assume. É o caso das cidades que se desenvolveram sob o impacto da Revolução Industrial e abrigam hoje uma infinidade de sobreposições contrastantes e antagônicas. Uma sintaxe excessivamente bricolada produz um "estado de montagem" ao nível da pragmática que lhe corresponde, impulsionando, ao logo do tempo, uma reorganização dessa sintaxe. Co-

3. Décio Pignatari alerta-nos, *Op. cit.*, p. 169, que a classificação que propõe não é uma escala de valores. Contudo entendemos que, no caso do desenho urbano, a Montagem num plano geral, incide numa certa "gradação" (ainda que não definitiva como deixamos claro) entre os seus constituintes paradigmáticos.

mo deve ter compreendido Jane Jacobs, numa perspectiva diferente e eventualmente incompatível com a nossa, buscando a "chave" estrutural da cidade justamente no excesso de bricolagem:

> Uma cidade não se faz de peças e pedaços, como um edifício de ossatura metálica, ou até uma colméia ou um coral. A estrutura de uma cidade funda-se em uma mistura de funções e nunca nos aproximamos mais de seus segredos estruturais do que quando nos ocupamos das condições que geram sua diversidade[4].

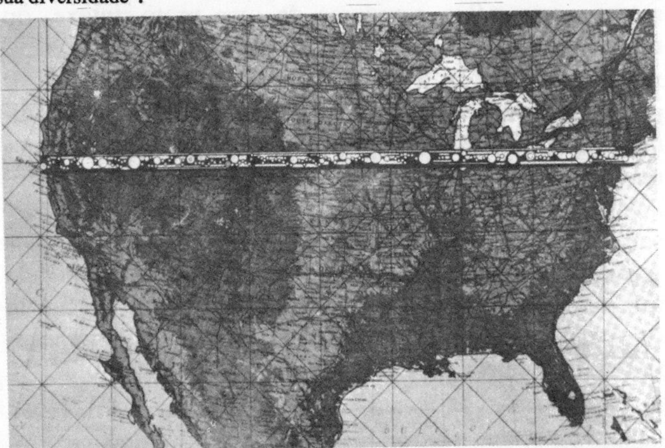

1. MIKE MITCHELL e DAVE BOUTWELL: Projeto *Cidade-Global*, E.U.A. – 1969.

2.2. *A Montagem Construtivo-Racionalista*

A montagem urbana disposta nos termos de seu veículo, o desenho, há cerca de dez mil anos de existência[5], vela e desvela uma junção epistemológica espacial, temporal e funcional. A incidência desses princípios no desenho urbano, que se apresentam com traços de "coerção estrutural"[6], remete-nos em seu entrelaçamento para uma realidade extranatural, ou para falar como Edgar Morin:

4. *Apud* Françoise Choay, *O Urbanismo...*, *Op. cit.*, p. 301 (Jane Jacobs, *The Death and Life of Great American Cities*, Random House, New York, 1961).

5. Datação estabelecida por Edgar Morin in: *O Enigma do Homem/Para uma Nova Antropologia*, Rio de Janeiro, Zahar, 1975, p. 7.

6. Cf. Jean Baudrillard em referência à técnica na produção de objetos in: *O Sistema dos Objetos*, São Paulo, Perspectiva, 1973, p. 13.

(...) edificamos cidades de pedra e de aço, inventamos máquinas, criamos poemas e sinfonias, navegamos no espaço; como não acreditar que, embora saídos da natureza, já somos extranaturais e sobrenaturais? Desde Descartes, pensamos contra a natureza, certificados de que nossa missão é dominá-la, sujeitá-la, conquistá-la[7].

Esses princípios atuam no desenho urbano conjuntivamente como pólos produtores de uma pragmática (social) cuja face sombreada pode, sem muito rigor, ser chamada "utilitarismo". De outro lado atuam disjuntivamente como pólos geradores de uma proto-sintaxe, ou talvez, de uma série poética. Entre ambos, atua a aspiração tentacular do *logos* verbalista e da propriedade que pelo menos no ocidente presidiu este desenho desde a cidade-Estado, seja por imposições (justificação e legitimidade) mágico-míticas, religiosas, militares, mercantis, industriais, conforme as transformações pelos quais passam/passaram o capital e as forças sócio-produtivas, os quais buscam/buscaram delinear e controlar a identidade urbana. Inócuas comportas político-ideologizantes diante do desenvolvimento incessante do mundo industrial, agora dito eletroeletrônico.

Há que se diferenciar dois níveis nesse desenvolvimento: há uma indústria da produção e reprodução em série e há uma indústria quase que exclusivamente experimental. A primeira constitui o campo da objetividade funcional imediata e a segunda, de caráter mais prospectivo, constitui um campo de avaliação permanente e transcodificação processual, tendendo para uma metafuncionalidade, descrevendo operações policêntricas e desierarquizadas. Nesta o procedimento industrial parece distanciar-se das leis de mercado para reintegrar-se ao procedimento da "ciência pura", pressionado pela pulsão informacional da qual não pode mais afastar-se.

Tal é a gênese de uma linguagem do *design* e/ou de um *design* da linguagem, na qual encontra suas bases a radicalidade construtivo-racionalista moderna. Sua primeira tarefa consiste, assim, na elaboração de um código tradutor preciso dos novos traços qualitativos sintático-

7. Edgar Morin, *Op. cit.*, p. 19.

semânticos sobre os quais, a partir de então, erige-se a ação construtiva.

O percurso em direção à (re-)montagem urbana deve ser estabelecido mediante intensas pesquisas, debruçando-se sobre a descoberta/invenção de novas possiblidades estruturais.

Confrontando-se com o pensamento dicotômico forma/conteúdo que tem seu apogeu no início da Revolução Industrial com o Romantismo, as concepções projeto-construtivas que despontam no século XX apontam para a necessidade de superação dessa "cisão" através de uma apreensão da natureza que não pode mais ignorar os avanços e conquistas científico-tecnológicos. A natureza é agora apresentada sob a aparência das formas geometrizadas e da análise e interferência laboratorial na constituição bio-físico-química de suas substâncias: os materiais industrializados que agora conformam os arranjos ambientais. Isto sem falar na aceleração pela qual passa toda a *praxis* e com ela todo o sistema perceptivo forjado na tradição artesanal. Diz Baudrillard, por exemplo, a respeito da relação automóvel/velocidade:

> A velocidade tem como efeito, ao integrar o espaço-tempo, reduzir o mundo a duas dimensões, a uma imagem, vem ela livre de seu relevo e de seu devir (...) – e ainda: A matéria que transforma, o espaço-tempo, é uma matéria incomparável a qualquer outra. E a síntese dinâmica que lhe outorga o automóvel pela velocidade é, ela também, radicalmente diferente de qualquer espécie de função habitual[8].

Observemos que a questão da velocidade com a conseqüente instância de bidimensionalidade e aparente ausência de relevo que produz continua a desdobrar sua complexidade à medida que se expandem os níveis de automação na cotidianidade, e como o pensamento construtivista apreendeu com bastante antecipação esta problemática. Quanto ao automóvel, sua presença no desenho urbano não apenas o transformou radicalmente, imprimindo sobretudo à paisagem urbana tais características, como ainda não alcançou solução de convivência sistêmica satisfatória no interior desse desenho.

El Lissitzky, arquiteto que contribuiu decisivamente para as formulações construtivistas russas, foi um dos

8. Jean Baudrillard, *Op. cit.*, p. 75.

2. EL LISSITZKY: *Proun 12 E*, 1920.

3. EL LISSITZKY: *Proun R. V. N.2*, 1923.

4. KASIMIR MALEVICH: *Suprematismo Dinâmico*, 1916.

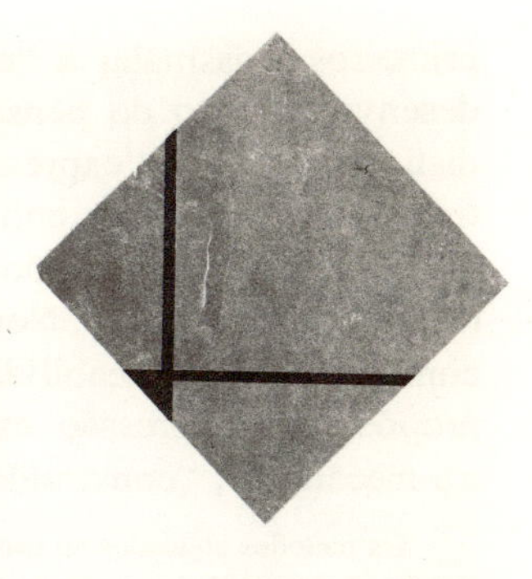

5. PIET MONDRIAN: *Composição com Negro e Azul*, 1926.

6. PIET MONDRIAN: *Composição*, 1935.

primeiros a assinalar a "cisão da expressão espacial" no desenvolvimento do pensamento crítico sobre o espaço, distinguindo uma "expressão espacial artística" (perspectiva, impressionismo, cubismo„ suprematismo) desvinculada de uma "expressão espacial mecânico-científica" (Ptolomeu, Copérnico, Newton, Einstein). Evidenciando a confluência e permeabilidade das descobertas e métodos, propõe uma expressão espacial "extra-artística" e "extra-mecânica", "construída"[9]. Diz ele:

> Os métodos aplicados no campo da arte, do saber, da ciência ou da filosofia são transladados a outros da mesma maneira que no mundo de Minkowski as quatro coordenadas – comprimento, largura, altura e tempo – substituem-se livremente[10].

A operação sintática inicial a que conduz esta proposição constitui-se, para os construtivistas, numa reversão do processo perspectivista, reduzindo-o ao seu grau zero. Sobre o quadrado negro de Malevitch pintado em 1913, escreveu Lissitzky:

> O artista teve o mérito de lançar-se ao perigo. Assim se criou uma forma que colidia com tudo aquilo que se entendera como quadro, pintura, arte. O próprio autor pretendia reduzir a zero as formas, a pintura. Nós dizíamos: sim, é o zero da série decrescente, mas é também o início de uma série ascendente. Em outras palavras, se é verdade que existe uma série que parte do infinito – ...6, 5, 4, 3, 2, 1, 0 –, uma vez que tenhamos atingido o zero começará uma nova linha ascendente 1, 2, 3...: 6, 5, 4, 3, 2, 1, 0, 1, 2, 3...
>
> Uma nova série ascendente, sim, mas de acordo com outra concepção da pintura como tal. Foi dito que os séculos conduziram sua pintura ao quadrado para que perecesse nele; nós objetávamos: se a pedra do quadrado tem obstruído o estreito canal de civilização pictórica, seu reverso constitui a potente pedra que serve de base à nova construção volumétrica do mundo real[11].

Este é também o modo como propõe-se operar o grupo holandês De Stijl do qual participaram entre outros: Theo van Doesburg, Piet Mondrian, J.J.P.Oud, Gerrit Th. Rietveld. Aqui também comparecem reafirmadas as formulações em torno do distanciamento entre a "civilização

9. Cf. El Lissitzky, "El Proun", in: *Constructivismo/Comunicacion* 19, Madrid, Alberto Corazón, 1973, p. 55.

10. *Idem*, pp. 42-43. Para um aprofundamento dos princípios de H. Minkowski, cf. "Espaço e Tempo", in: *Textos Fundamentais da Física Moderna*/Vol. I – *O Princípio da Relatividade*, Lisboa, Fundação Calouste Gulbenkian, 1983, pp. 93 e ss.

11. El Lissitzky, *Op. cit.*, pp. 49-50.

da máquina" e a natureza, bem como o esforço de incorporação do dinamismo industrial em seus trabalhos como se pode perceber pela afirmação de Theo van Doesburg: "Deve-se entender que todas as obras forjadas de acordo com o espírito devem divergir das formas externas da natureza, e que elas divergirão completamente"[12] (...). Ou como se pode inferir do conceito de espaço de Mondrian, no qual "linhas se cruzam ou se tocam tangencialmente, *mas (...) não cessam de continuar*"[13].

A corporificação dessas proposições, dispostas em termos de ordem matemática/geométrica, encontra na cidade moderna sua existência real. Conforme assinala Mondrian:

> O artista genuinamente moderno vê a metrópole como um viver abstrato convertido em forma; ela lhe é mais próxima do que a natureza e tem maiores probabilidades de excitar nele o senso de beleza... é por isso que a metrópole é o lugar onde se está desenvolvendo o temperamento artístico vindouro, é o lugar de onde emergirá o novo estilo[14].

Aliando cromatismo puro (cores primárias) à disposição racional dos elementos da geometria clássica (o círculo, o quadrado, o triângulo) e à textura dos materiais, sublinhados pela idéia de movimento, as concepções pictóricas e espaciais tendem a uma organização rigorosa porém permutacional (figura/fundo). A cor utilizada sem variações de escala interagindo com os elementos geométricos claramente delimitados assemelham-se em seu conjunto a diagramas de estruturas cristalinas. A despeito do rigor na adoção de cores e formas, a articulação do conjunto é realizada mediante princípios essencialmente dialéticos de modo a não neutralizarem as linhas de forças das relações construídas, sempre prestes a se "romperem", impedindo que se consume a alta definição quase por instalar-se. Quando se passa da bidimensionalidade para a tridimensionalidade, busca-se conduzir a operação segundo os mesmos princípios. Diz Lissitzky:

12. *Apud* Reyner Banham, *Teoria e Projeto na Primeira Era da Máquina*, São Paulo, Perspectiva, p. 240.

13. *Idem*, p. 295.

14. *Idem*, p. 241.

7. THEO VAN DOESBURG:
Projeto para residência, 1923.

8. J. J. P. OUD: Projeto para casas com terraço (Scheveningen, 1917).

9. GUERRIT TH. RIETVELD: *Casa Shröder* (Utrecht, 1925).

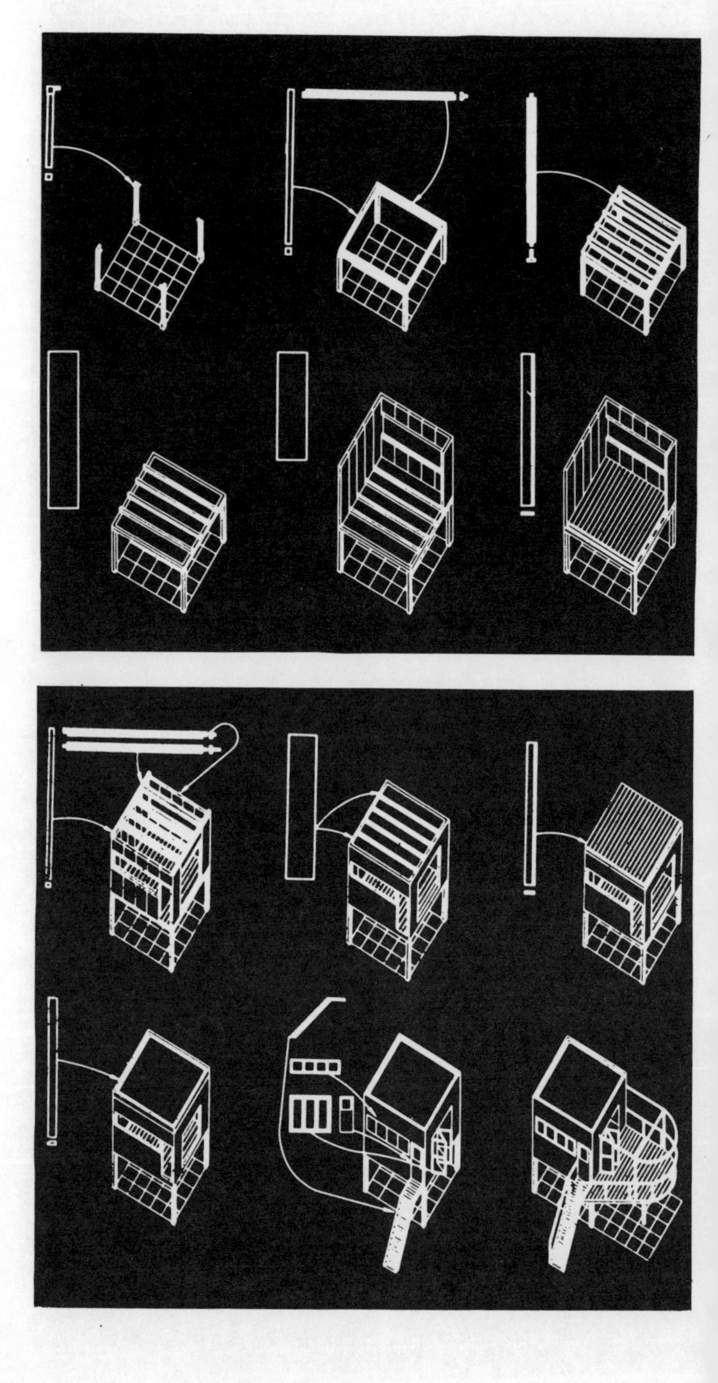

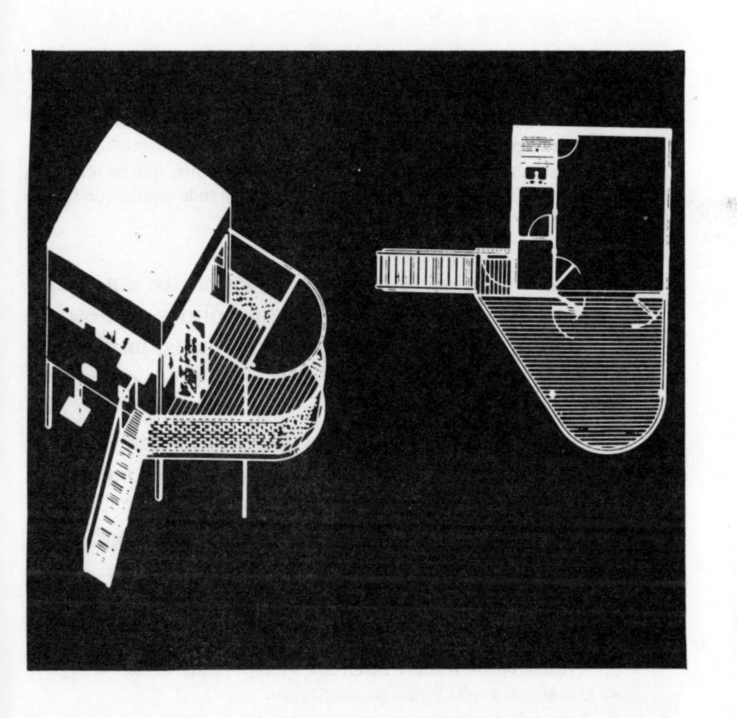

10. M. GINSBURG e equipe: Esquemas de montagens "unicelulares", 1929/30.

Experimentamos os primeiros estágios de nossa *construção* e nos demos conta de que o espaço bidimensional tem a mesma essência que o volume tridimensional. Por isto quando distinguimos a terceira dimensão, recebemos uma impressão imediata das duas primeiras e, em seguida, começamos a perceber a quarta dimensão. Sabemos, sem dúvida, que na realidade não existem três dimensões: existe a extensão viva de tudo aquilo que flui ao nosso redor[15].

Assim, volumes construídos são dispostos em equilíbrio assimétrico, as relações entre os sólidos não escondem o jogo de tensões que lhes são inerentes, justapõe-se uma "cor planimétrica", propõe-se uma nova ordem rítmica.

Devemos destacar ainda as premissas estabelecidas por Lissitzky quando da construção de seu "Proun" (Objeto), que mereceu várias versões (pictóricas e espaciais, sendo a primeira de 1919) e que constitui uma espécie de diagrama da concepção construtivista:

1. Forma fora do espaço = 0.
2. Forma fora do material = 0.
3. A relação entre forma e material é a relação entre massa e energia.
4. O material ganha forma na construção.
5. A medida dos limites de desenvolvimento da forma é a economia[16].

Conjugando influências cubistas e construtivistas, em meio a divergências entre Purismo e Elementarismo, Le Corbusier estrutura gradativa e extensamente uma teoria

15. El Lissitzky, *Op. cit.*, p. 55 (grifo nosso).

16. *Idem*, p. 54. As relações entre *material, procedimento* e *forma*, constituíram campo de investigação fundamental para os formalistas russos. Lembremos aqui as relações entre material e forma como expostas por J. Tynianov: "A noção de 'material' não extravasa os limites da forma, o material é igualmente formal; e é um erro confundi-lo com elementos exteriores à construção". Ou ainda: (...) "a característica estática estreitamente ligada à noção de espaço desliza constantemente na noção de forma. (Por isso, deveríamos tomar consciência das formas espaciais como formas dinâmicas *sui-generis*)" (pp. 100 e 102).

Cabe também cf. em V. Chklovski a preocupação com o procedimento construtivo que busca singularizar e ampliar a duração da percepção dos objetos (pp. 30 e ss.).

A citação de J. Tynianov foi extraída de "A Noção de Construção" e a referência a V. Chklovski a partir de "A Arte como Procedimento", ambos constituindo ensaios contidos *in: Teoria da Literatura/Formalistas Russos*, Porto Alegre, Globo, 1976.

acerca das novas necessidades espaciais concernentes aos edifícios e às cidades modernas. Suas pesquisas, procurando solucionar tais necessidades, incidem numa busca de reconhecimento de padrões, que ele percebe claramente ser exigência da reprodução em série, bem como de resto de toda visão ordenadora racionalista. Na busca do "objeto-tipo" ao "homem-tipo" (..."nossas sensações são tipos, relacionados a formas, linhas e cores")[17] e de suas conseqüentes esferas funcionais ergonomicamente planejadas, apóia-se numa sintaxe geométrica ortogonal[18], que associa aos materiais: ferro/aço, vidro e concreto. Operando uma possibilidade de separação definitiva entre elementos portantes e portados, seu desenho dispõe plan-

17. *Apud* Reyner Banham, *Op. cit.*, p. 405.

18. A relação desta sintaxe e seu respectivo sistema de proporções elaborados por Le Corbusier, deriva da tradição grega. Comenta a respeito Stephen Gardiner: "O Partenon foi para Le Corbusier como a descoberta de um deus que veio ampliar-lhe a experiência e assegurar-lhe que estava no caminho certo. Claro que na ocasião em que projetou os 'ateliês de artistas', Le Corbusier já devia ter alguns conhecimentos sobre a arquitetura da Grécia antiga, e a concepção revela sua indiscutível capacidade de assimilação. As disciplinas observadas no esboço remontam a dois mil anos, e foi a partir delas que, três décadas depois, Le Corbusier inventou o Modulor, um sistema de medidas relacionando as proporções dos edifícios à proporção do homem: o Modulor foi, na verdade, o desenvolvimento altamente sofisticado de um velho diagrama grego. Os gregos haviam notado que, estando um homem com os braços distendidos e as pernas afastadas, suas mãos e pés descrevem a mais simples e perfeita das formas: o círculo. O ponto central era o umbigo. Do círculo, os gregos chegaram ao quadrado inscrito no círculo, e nos diagramas de Leonardo e Dürer os cantos desse quadrado coincidem com as mãos e pés da figura. O quadrado foi em geral mais empregado que o círculo, mas ambos passaram a constituir a base teórica do desenho arquitetônico grego: desde que um edifício não pode ser relacionado com um homem em termos de tamanho, deve poder sê-lo em termos de proporção. O diagrama pode então ser dividido a partir da linha de centro do umbigo, vertical e horizontalmente, por meio de semicírculos, inscrevendo quadrados no quadrado e, com o auxílio de diagonais, triângulos.

Assim, com o Modulor, resulta uma série de medidas, todas derivadas do círculo e do quadrado, e diretamente relacionadas com a proporção da figura humana. Essa série foi então empregada para o dimensionamento de fachadas, volumes, portas e outras aberturas. Resultou num sistema de medidas que influenciou as proporções da tradição arquitetônica ocidental, desde o templo grego até o Centro Le Corbusier em Zurique, (da mesma forma pela qual o Tatami – uma esteira que mede 1,83 x 0,91 m – ordenou as proporções arquitetônicas da tradição japonesa)". In: Stephen Gardiner, *Le Corbusier*, São Paulo, Cultrix/Edusp, 1977, pp. 43-44.

11. LE CORBUSIER: *Casa Savoie* – ângulo sul (Poissy, 1929).

12. LE CORBUSIER: *Casa Savoie* – ângulo norte (Poissy, 1929).

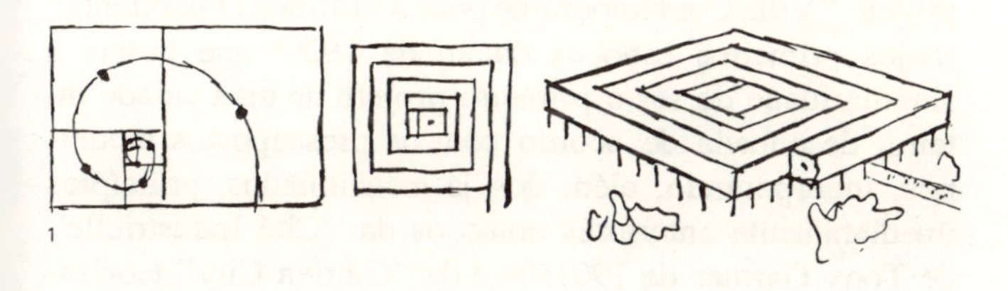

13. LE CORBUSIER: Projeto para o Museu de Arte Contemporânea de Paris, 1931.

tas e traçados urbanos em ângulos retos (os últimos em níveis) e superfícies de vedação e coberturas planas. Caminhando em direção a uma síntese construtiva e funcional a partir dos novos princípios, expressos em seus incontáveis diagramas, Le Corbusier individua as unidades significativas que para ele devem constituir as bases do desenho da cidade: unidade de habitação, de trabalho, de lazer, de circulação, de paisagem. Categoriza-as em rural, industrial, centro de trocas[19]. Os volumes construídos em relação ao desenho urbano que concebe são associados em torno de um quadrado vazio ou à *redents* (disposição na qual os volumes avançam e retraem de cada um dos lados de uma rua).

O conjunto de suas concepções ganha forma no seu projeto "Ville Contemporaine pour 3 Millions D'habitants" (cujos primeiros esboços datam de 1920) que possui a singularidade de ser o primeiro projeto de uma cidade inteira, desenhada de acordo com os pressupostos modernos, incorporando, além dos já mencionados, princípios imediatamente anteriores como os da "Cité Industrielle" de Tony Garnier de 1901/04 e da "Garden-City" teorizada por Ebenezer Howard em fins do século XIX. Tal projeto de Le Corbusier constitui a base para a mais ampla formulação da "Ville Radieuse" que ele apresentou no terceiro CIAM (Congrès Internationaux d'Architecture Moderne) em 1930.

A fermentação das concepções modernas acabou produzindo a Bauhaus (Weimar/Dessau, 1919/1933) que, em meio a contradições entre a nova ordem e posturas algo conservadoras em torno do artesanato e das "Beaux Arts", sistematizou tais concepções e deu-lhes veiculação acadêmica.

Configurou-se desse modo a "escola" e prenunciou-se o "International Style". O esforço sistematizador e globalizante, que encontra aí o seu lugar mais profícuo, funda o *design* como uma sintaxe que necessariamente opera com a pré-fabricação e a pré-moldagem em área de

19. Cf. Le Corbusier, *Planejamento Urbano*, São Paulo, Perspectiva, 1971.

abrangência que vai da programação visual aos objetos utilitários, dos edifícios às cidades. Cabe lembrar que a escola foi dirigida sucessivamente por Walter Gropius, Hannes Meyer (ambos projetaram o edifício da Bauhaus/Dessau em 1926) e Mies van der Rohe (o arquiteto que conduziu a exploração do sistema ferro/aço, vidro e concreto às últimas conseqüências). Destacaram-se ainda aqui L. Hilberseimer (a "Cidade-Horizontal") e pintores como Klee e Kandinsky.

Sem intenção de delinear uma diacronia, tentamos proceder a uma sondagem do diagrama que subjaz à montagem construtivo-racionalista num momento exponencial do desdobramento ("paleolítico industrial") de seu espectro, sob a ótica de sua radicalidade sintática (e assim apontando para um "neolítico-industrial")[20]. É possível naturalmente perquiri-la para trás ou para diante, bem como sob ótica diversa. Aqui e ali despontam suas estreitas relações com a vanguarda cultural do início do século XX e mesmo sua própria condição de vanguarda, cabendo a observação de que tal vanguarda abriga profunda diversidade. Há uma vanguarda européia e outra russa. A segunda imersa numa particularidade histórico-política sem precedentes, tendo vivido uma especificidade sócio-político-cultural atípica à vanguarda de modo geral: não é uma oposição (pelo menos até a morte de Lenin). Nem por isso contudo, tal especificidade conduziu a blocos homogêneos teóricos ou práticos:

> A distância entre Stepanova, Lissitzky, Gabo e Tatlin (...) é tanta que em suas obras apenas podemos encontrar uma atmosfera comum, intenções semelhantes, mas procedimentos distintos[21].

A montagem construtivo-racionalista mergulha tanto quanto possível num campo projeto-experimental com o

20. Expressões utilizadas por Décio Pignatari em referência à primeira Revolução Industrial/Mecânica ("Paleolítico") e a segunda Revolução Industrial/Eletroeletrônica ("Neolítico"). Cf. *Semiótica da Arte e da Arquitetura*, São Paulo, Cultrix, 1981, p. 80.

21. *Constructivismo/Comunicación 19*, Madrid, Alberto Corazón, 1973, p. 17.

1922 Plano da cidade de 3 milhões de habitantes, projeto

Princípios fundamentais: descongestionamento do centro das cidades, aumento da densidade dos meios de circulação e de áreas plantadas. No centro, a estação, com plataforma de aterragem dos taxi-aéreos. Nos arranha-céus, concentram-se os negócios; à esquerda, os grandes edifícios públicos, museus, casas residenciais, etc. Mais longe, à direita, o jardim inglês. 24 arranha-céus podendo abranger de 10.000 a 50.000 empregados cada um. Moradas de cidade, parcelamentos «em ângulos» que alojam 600.000 habitantes. Cidades jardins, 2.000.000 de habitantes. Esta intensa densidade faculta a redução de distâncias e assegura a rapidez das comunicações.

1922

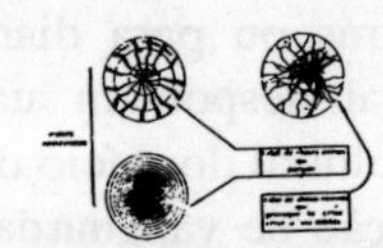

UNE VILLE CONTEMPORAINE

J'ai dressé par le moyen de l'analyse technique et de la synthèse architecturale, le plan d'une ville contemporaine de trois millions d'habitants. Ce travail fut exposé en Novembre 1922 au Salon d'Automne à Paris. Une stupeur l'accueillit ; la surprise conduisit à la colère ou à l'enthousiasme. C'était crusment fait. Il manquait de commentaires et les plans ne se lisent pas par chacun. J'aurais du être présent pour répondre aux questions essentielles qui prenaient leur raison dans le fond même de l'être. De telles questions offrent un intérêt capital, elles ne sauraient demeurer sans réponse. Écrivant cette étude destinée à la présentation de principes neufs d'urbanisme, je me suis mis résolument à répondre *tout d'abord* à ces questions essentielles. J'ai usé de deux ordres d'arguments : d'abord de ceux essentiellement humains, standarts de l'esprit, standarts du coeur, physiologie des sensations (de nos sensations, à nous, hommes) ; puis de ceux de l'histoire et de la statistique. Je touchais aux bases humaines, je possédais le milieu où se déroulent nos actes.

Je pense avoir ainsi conduit mon lecteur par des étapes où il s'est approvisionné de quelques certitudes. Je puis alors en déroulant les plans que je vais présenter, avoir la quiétude d'admettre que son étonnement ne sera plus de la stupéfaction, que ses craintes ne seront plus du désarroi

1

4

1 Uma página de um fascículo 1922
2 Plano da cidade de 3 milhões de habitante[s]
3 Vista da praça da estação
4 Panorama da cidade

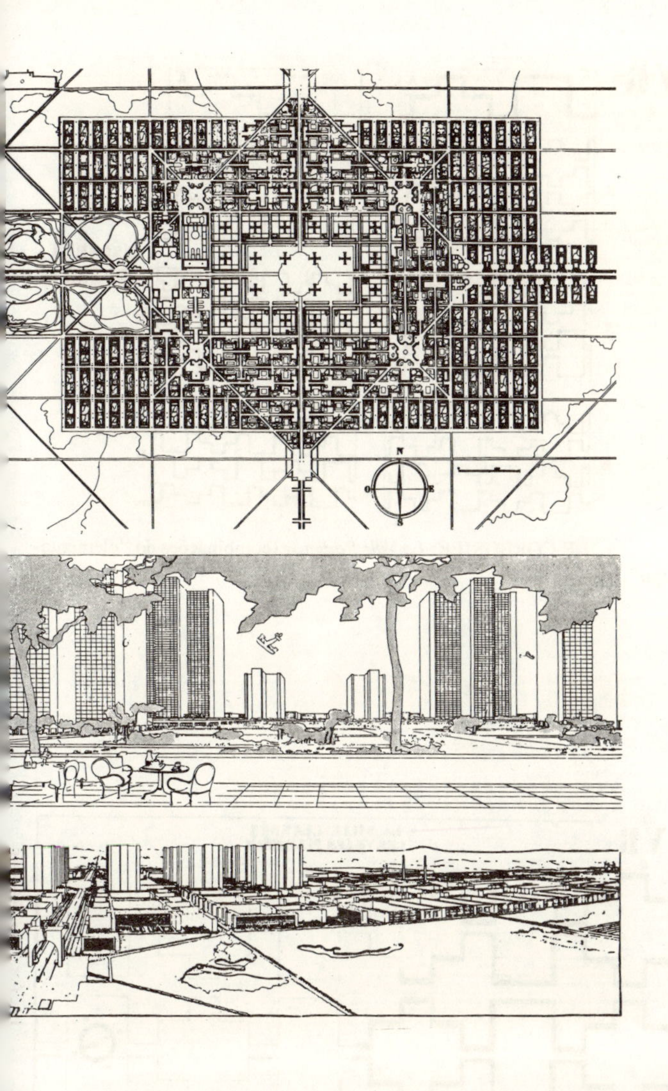

14. LE CORBUSIER: *Une Ville Contemporaine pour 3 Millions D'habitants*, 1922.

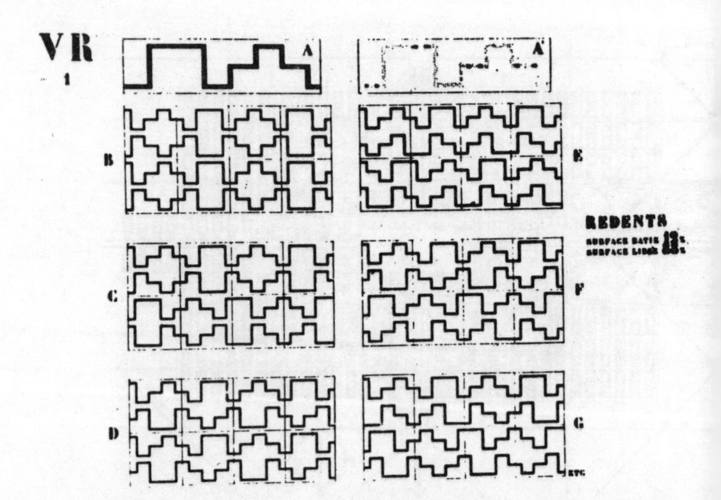

15. LE CORBUSIER: *La Ville Radieuse* (combinações do "elemento-tipo", 1930).

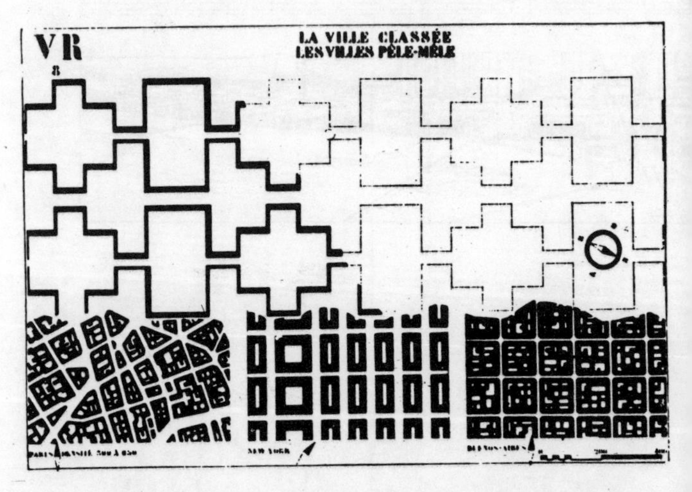

16. LE CORBUSIER: *La Ville Radieuse* (redes viárias de cidades tradicionais confrontadas com a rede proposta para a *Ville Radieuse*, 1930).

17. LE CORBUSIER: Tipos de edificações propostas para a cidade moderna:

A – Rédent.

B – Arranha-céu isolado.

C e D – Casas em linha, orientadas a leste/oeste e norte/sul.

E – Casas em degraus.

F – Arranha-céu para escritório alargado ao centro para abrigar o núcleo de serviço.

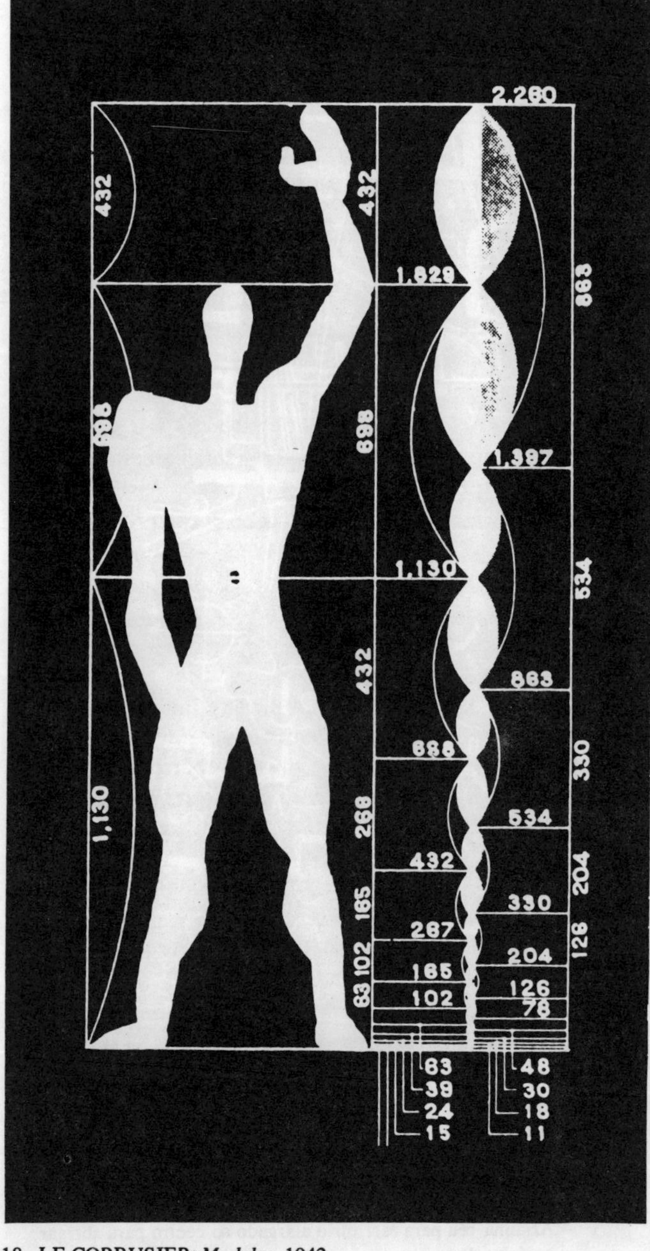

18. LE CORBUSIER: *Modulor*, 1942.

qual se confunde. A velocidade utilitária que gradualmente atinge o "mundo construído" não lhe passa despercebida. Pragmaticamente, mais "fato sígnico" que puramente técnico, tal velocidade também disfuncionaliza expondo a sutura institucional sujeito/objeto e a inevitável necrose de seu argumento. Assim, de certo modo, o pensamento e o projeto da cidade se "despolitizam" encontrando na ciência – na constituição interdisciplinar da ciência (região incomensurável de intra e intersignicidade) – sua base codificadora. Esquadrinhando um périplo em torno de cuja iconicidade ergue-se a vida urbana, a cidade-desenho desejou "ensinar" (parataticamente como seu modo de articulação). Mais do que "dirigir o curso da história" (como a acusam seus detratores), ou sobretudo "educando" pretendeu participar historicamente. Além disso, uma tal função pedagógica, digamos assim, é congenial a um fazer que produz e transporta processos de significação complexos como a cidade. Devemos acrescentar: este "ensinar" está menos relacionado à sua geometria, sua retórica e/ou seu possível platonismo[22], do que, à consciência de linguagem que, embora de certo modo interrompida, logrou expandir.

Com todos os métodos de que pôde lançar mão, procurou derruir as conexões arcaizantes; daí, a busca do grau zero, a emergência do vazio e a abertura à invasão impetuosa do pólo significante em seus projetos. A Carta de Atenas (4º CIAM/1933) é sua "qualificação-simbólica", espécie de primeiridade no interior da terceiridade, um legissigno-indicial-remático[23].

Tal projeto interrompeu-se diante da regressão "jdanov-stalinista" na União Soviética, na Alemanha nazista, na diluição francesa e holandesa, ou ainda tomou outra fisionomia na incorporação norte-americana (pós-crise de 1929), com a conseqüente instauração de um paradoxo

22. Diz entre outros a respeito, Paolo Portoghesi: "Para purificar profundamente a sua *praxis* compositiva, o estatuto funcionalista prescrevia à arquitetura uma espécie de regressão da matéria à idéia". In: *Depois da Arquitetura Moderna*, Lisboa/São Paulo, Edições 70/Martins Fontes, 1985, p. 13.

23. Cf. Charles Sanders Peirce, *Semiótica, Op. cit.*, pp. 55 e ss. *Collected Papers*, 2.254 e ss.

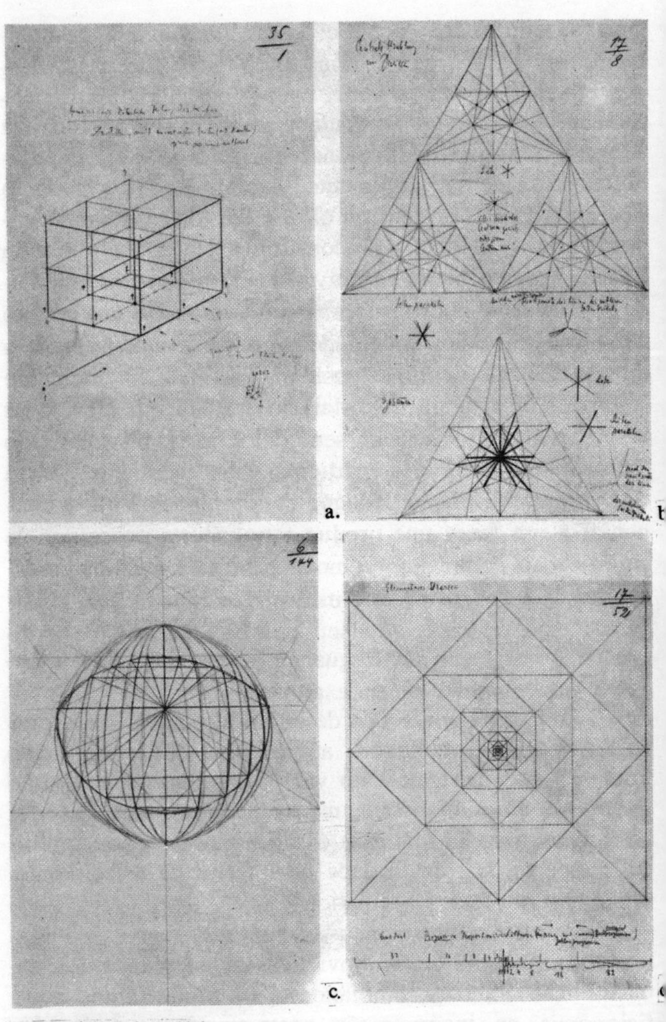

orientação no terreno das formas originais.
a. gênese e separação natural do cubo. apresentação com lados não encurtados (ou cantos) p zero ∞ muito distante. ponto, superfície, corpos. 35/1.
b. a construção interna das formas originais consideradas em função da irradiação. irradiação central no triângulo. tudo unificado através do centro, ou "a partir do centro". a ponta mais próxima do ponto de seção da terceira parte da linha central. 17/8.
c. o esquema interno no círculo (segundo esquemas de pontuação). 6/144.
d. movimento progressivo. progressões no contexto das condições internas de tensão das formas originais (progressões principais). o quadrilátero elementar. quadrado: condições progressivas das proporções (exteriores e interiores a progressão numérica). 17/52.

19. Aula de PAUL KLEE: *Bauhaus*, 1920/31.

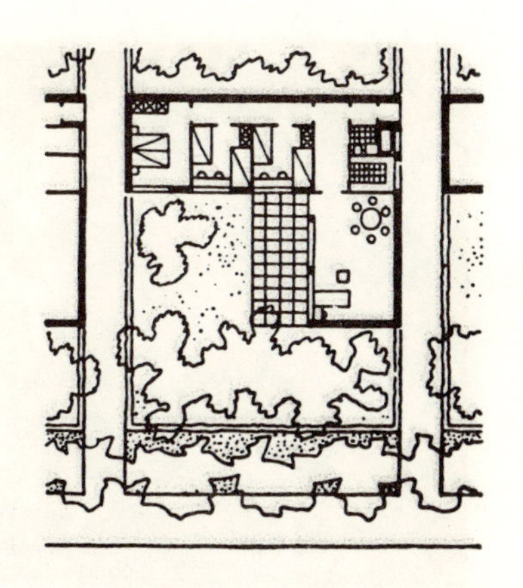

20. L. HILBERSEIMER: *Cidade-Horizontal* (célula-tipo e agregação), 1929.

21. MIES VAN DER ROHE: *Casa Farnsworth*, (Plano, Illinois, 1949/50).

22 e 23. MIES VAN DER ROHE: *Galeria Nacional*, (Berlim Ocidental, 1962/68).

24. MIES VAN DER ROHE: *Edifício Seagram*, (New York, N. Y., 1954/58).

insustentável no seu modo de estruturação, na sua disposição icônica: tornou-se estilo, estilizou-se.

A tentativa de continuidade deste projeto ficou a cargo da "New Bauhaus" (Hochschule für Gestaltung – Ulm, 1955/1968), conduzida por Max Bill e Thomás Maldonado. Em termos gerais, o pensamento racionalista corre hoje subterraneamente em certas intenções ou gestos projetuais de modo diluído, mais em função da "crítica jdanovista" mais ou menos generalizada que recebe, do que por suas possibilidades de reprocessamento.

Cabe talvez fazermos referência hoje a Christopher Alexander (*parametric design*) a quem Charles Jencks debita a criação de um processo projetual – dedutivismo de padrões/técnica gerativa – cujos procedimentos assemelham-se aos da gramática gerativa transformacional de Noam Chomsky[24]. (Não nos esqueçamos das relações fundamentais desta com o pensamento cartesiano).

A crítica e o projeto da cidade, seu desenho, sob o impacto da razão construtivista incidem diretamente no cerne da constituição e institucionalização do leque funcional. Na realidade conseguem indiciar um arco de incerteza no conjunto deste leque que aparece, assim, exposto em sua irredutibilidade (aquém/além do símbolo imobiliário ou totalitário), logicamente determinado a indeterminar-se.

2.3. *A Bricolagem Pós-Moderna*

A dimensão cultural pós-moderna, e inserida nesta a questão do desenho urbano, é ainda de difícil indagação: é fato relativamente recente e as perquirições e mapeamentos teórico-críticos em torno de suas possíveis vertentes filosóficas, artísticas ou ideológicas "flutuam" num quadro cuja diacronia por demais aproximativa não constitui talvez um núcleo referencial satisfatório.

A despeito disso, Andreas Huyssen logrou desdobrar no significativo e percuciente ensaio "Mapping the Post-

24. Cf. Charles Jencks, *Modern Movements in Architecture*, Anchor Books, New York, 1973, pp. 351 e ss.

25. JASPER JOHNS: *U.S. Flag*, 1958.

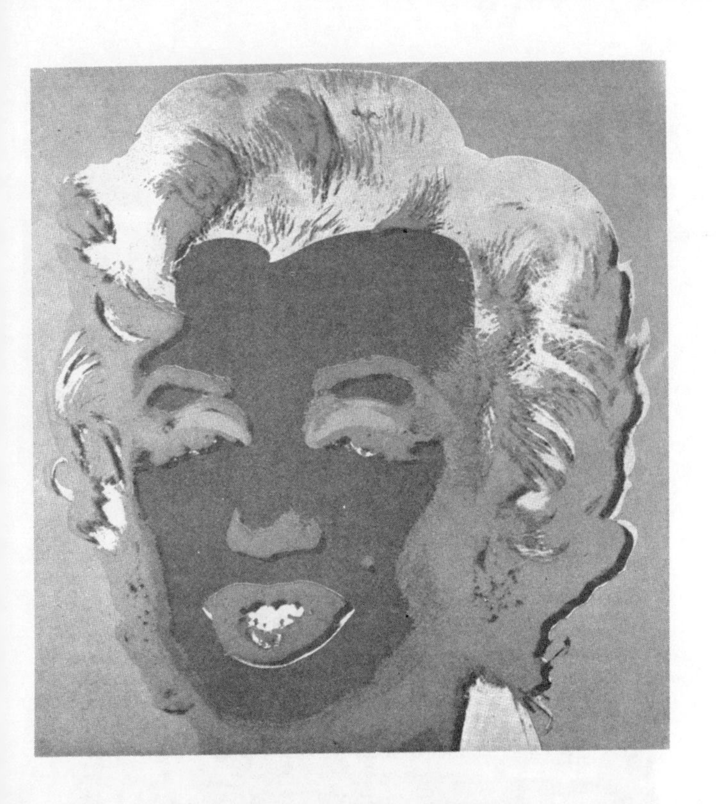

26. ANDY WARHOL: Série *Marilyn*, 1968.

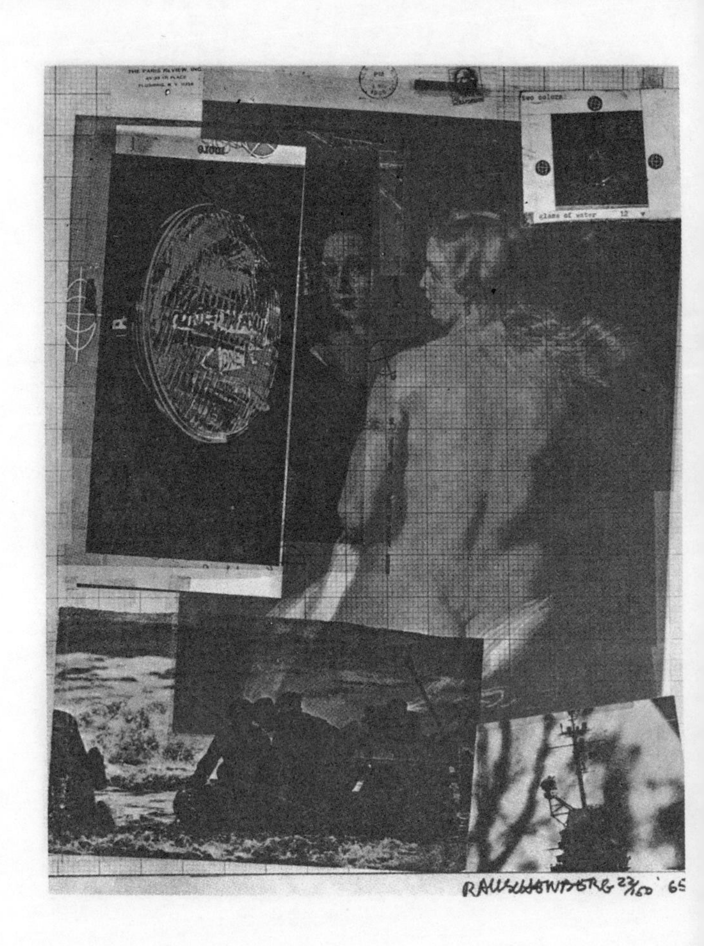

27. ROBERT RAUSCHENBERG: *Paris Review*, 1965.

28. ROY LICHTENSTEIN: *As I Opened Fire*, 1964.

modern"[25], um razoável panorama desta dimensão cultural.

Para Huyssen não há dúvida, de que há pelo menos uma profunda transformação no cerne do movimento moderno, embora "a natureza e profundidade desta transformação" sejam discutíveis, cabendo explorar se esta transformação produz formas estéticas genuinamente novas ou se "recicla técnicas e estratégias do próprio modernismo (*modernism*), reinscrevendo-o num contexto cultural alterado"[26].

Huyssen localiza o uso do termo pós-modernismo (*postmodernism*), em torno do final da década de 50 no criticismo literário, sendo aí utilizado por Irving Howe e Harry Levin ao lamentarem a queda de nível do movimento modernista (*modernist movement*) e sendo utilizado mais tarde enfaticamente, e já possuindo contornos de uma divergência de procedimentos crítico-artísticos, no começo dos anos 60 por críticos literários tais como Leslie Fidler e Ihab Hassan[27]. A partir da década seguinte, o termo ganhou ampla expansão, adentrando o *corpus* da indagação acadêmica e das primeiras tentativas de realizações práticas, manifestando-se fortemente como um "movimento de ruptura" na arquitetura e nas "artes vi-

25. Andreas Huyssen, "Mapping the Postmodern", in: *New Germain Critique/33*, University of Wisconsin, Milwaukee, 1985.

26. *Idem*, p. 8.

27. *Idem*, p. 11. Segundo Charles Jencks, "a primeira utilização do termo Pós-Moderno em um contexto arquitetônico aparece em um artigo de Joseph Hudnut, intitulado 'The Post-Modern House', em *Architecture and the Spirit of Man*, Cambridge, 1949, ainda que na realidade se utilize unicamente como título, sem nenhuma intenção polêmica. A partir deste momento emprega-se o termo esporadicamente; num artigo sobre o edifício de Philip Johnson, em Dumbarton Oaks, 1964 e por Nikolaus Pevsner em um ataque sobre os 'Anti-Pioneers', 1967, mas até a publicação do meu texto 'The Rise of Post-Modern Architecture' em *Architecture-inner Town Government*, Eindhoven, julho de 1975, a AAQ, Londres, número 4, 1975, de fato não se utiliza o conceito". (...) in: Charles Jencks, *El Language de La Arquitectura Posmoderna*, Barcelona, Gustavo Gili, 1984, p. 8.

Cabe lembrar que Jencks data a morte da arquitetura moderna com a implosão do conjunto de edifícios residenciais "Pruitt-Igoe" em St. Louis, Missouri, U.S.A., em 15 de julho de 1972 às 15:32 h. (Projeto de Minoru Yamasaki constituído de blocos laminares.) *Idem*, p. 9.

suais", atingindo posteriormente outros códigos como a dança, o teatro, o cinema, a música.

No fim da década de 70, o movimento migrou dos Estados Unidos, seu berço, para a Europa via Paris e Frankfurt sobretudo com Kristeva e Lyotard na França e Habermas na Alemanha, descrevendo uma direção inversa ao do movimento modernista.

Atualmente as discussões em torno do modernismo/pós-modernismo nas artes e modernidade/pós-modernidade na teoria social tornaram-se, como observa Huyssen, um dos mais contestados terrenos na vida intelectual das sociedades ocidentais[28].

A cota de referência essencial no ensaio de Huyssen está na sensibilidade e momento cultural que produziu a *Pop Art* nos anos 60, sendo este o primeiro "contexto no qual a noção de pós-moderno (*postmodern*) configurou-se"[29], abrigando logo de início a cultura de massa, "hostilizada pelo modernismo" e a qual constitui hoje uma das mais significativas tendências dentro do pós-modernismo, tendo já operado influentemente com este repertório, Duchamp, Cage, Warhol.

Segundo Paolo Portoghesi o movimento moderno não se preocupou em "indagar a fundo as modificações no ambiente visual e da cultura de imagens organizadas pelo impulso de novas realidades sobre a consciência e sobre a produção coletiva"[30], referindo-se sobretudo à

> produção de referências visuais que, por sobre a estrutura primária, a trama da construção civil, estende a sua cerrada rede de sinais indispensáveis, para que ela venha a ser utilizada e vivida: trata-se de um conjunto de intervenientes de várias escalas, que se estendem desde a decoração dos interiores aos equipamentos das ruas, à sinalização comercial, à produção gráfica, e por fim ao vestuário que, com o seu constantemente crescente grau de variedade se tornou um dos mais sensíveis instrumentos de registro das modificações do gosto[31].

28. Cf. Andreas Huyssen, *Op. cit.*, p. 12.

29. *Idem*, p. 16.

30. Paolo Portoghesi, *Depois da Arquitetura Moderna*, Lisboa/São Paulo, Edições 70/Martins Fontes, 1985, p. 19.

31. *Idem*, pp. 17-18.

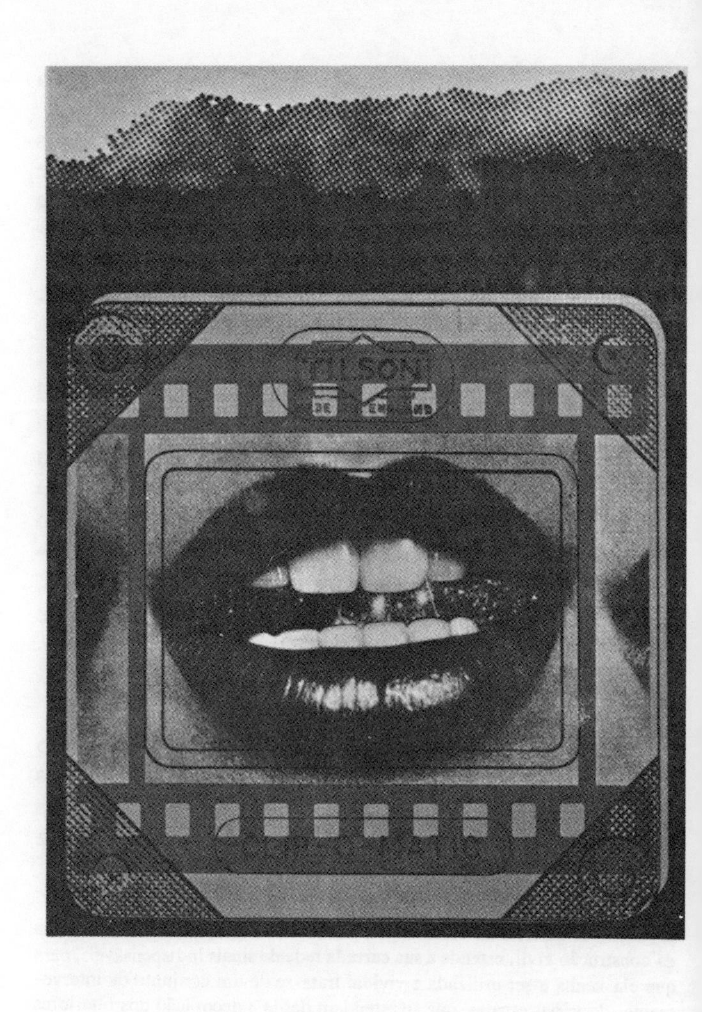

29. JOE TILSON: *Transparency Clip-O-Matic Lips*, 1968.

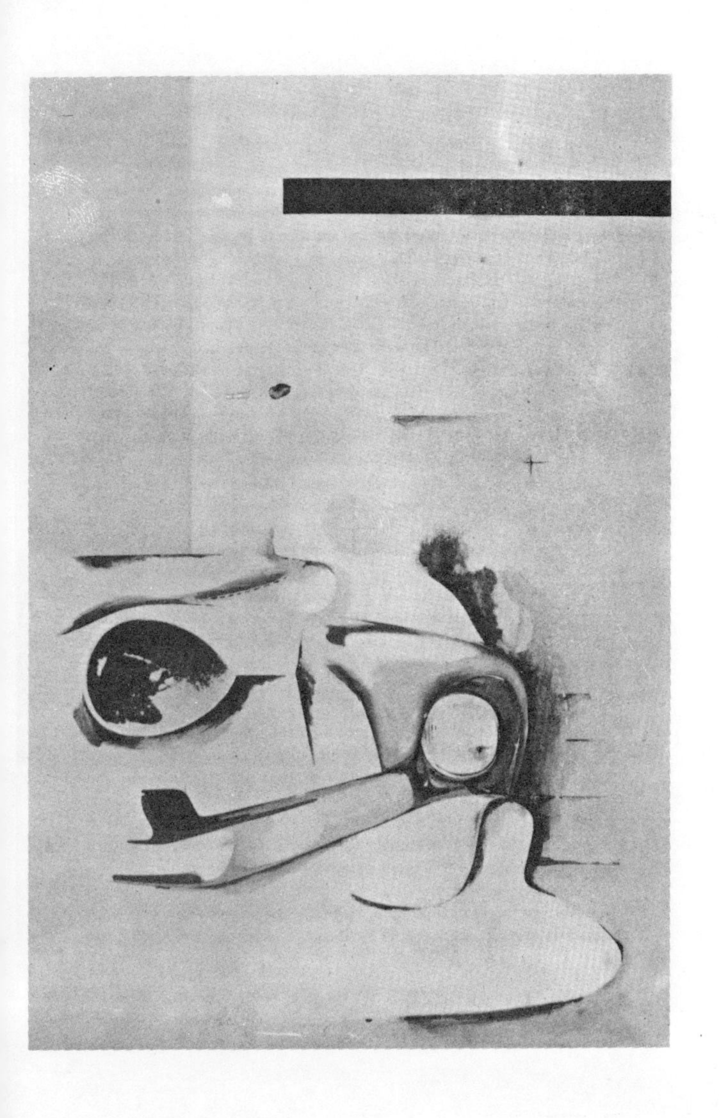

30. RICHARD HAMILTON: *Hommage à Chrysler Corp.*, 1957.

31. RICHARD HAMILTON: *Just What Is It That Makes Today's Homes So Different, So Appealing?*, 1956.

32. ROBERT RAUSCHENBERG: *Coca-Cola Plan*, 1958.

Huyssen arrola ainda outras manifestações culturais emergentes como: as nascentes, ou agora reconhecidas como tais, minorias de massa, o novo papel social da mulher, a revolução sexual, o *rock'n'roll*, o desabrochamento da questão ecológica etc.

Assim, o "ideário" pós-moderno parece tentar incorporar tal espécie de cotidiano quando passa para a prática de seus projetos, abrigando a promessa, nas palavras de Leslie Fiedler, de um mundo "pós-branco", "pós-machista", "pós-humanista", "pós-puritano"[32]. Diz Huyssen:

> na forma de *happenings*, *pop* vernacular, arte psicodélica, *acid rock*, teatro alternativo e de rua, o pós-modernismo dos anos 60 buscou recapturar o *ethos* adversário o qual tinha nutrido a arte moderna nos seus primeiros estágios, mas pareceu não ser capaz de sustentá-lo por muito tempo[33].

E concluindo a esse respeito: "o pós-modernismo americano dos anos 60 foram ambos: uma vanguarda da América e o fim do jogo do vanguardismo internacional"[34], assinalando ainda a exaustão da *pop art* seja por motivos de normalizações estéticas em função da alta circulação comercializada do gesto iconoclasta, do *rock*, do sexo etc.; seja por motivos políticos como a guerra do Vietnã e o Watergate, a crise do petróleo etc., perdendo desse modo o nexo lógico (observável no seu desenvolvimento – *pop*, *op*, cinética, *minimal*, conceitual – e nas discussões que levantou como arte *x* antiarte, não arte) que ainda a aproximava do movimento moderno.

Na esteira da *pop art* e sem nenhuma relação explícita com uma "idéia de pós-modernismo", o grupo de arquitetos ingleses denominado Archigram (*telegram/aerogramme* – "*Archi [tecture] gram*"), insurge-se a partir de 1961 contra a arquitetura inglesa moderna do pós-guerra[35].

32. *Apud* Andreas Huyssen, *Op. cit.*, p. 23 (Leslie Fiedler, "The New Mutants"/1965, *A Fiedler Reader*, New York, Stein and Day, 1977, pp. 189-210).

33. Andreas Huyssen, *Op. cit.*, p. 22.

34. *Idem*, p. 24.

35. Compuseram o grupo Archigram: David Greene, Dennis Crompton, Michael Webb, Peter Cook, Ron Herron, Warren Chalk.

33. MICHAEL WEBB: Projeto *Sin Centre* (maquete), 1958/62.

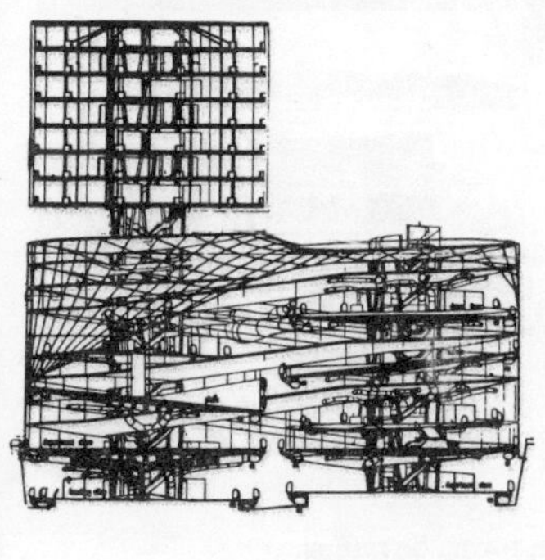

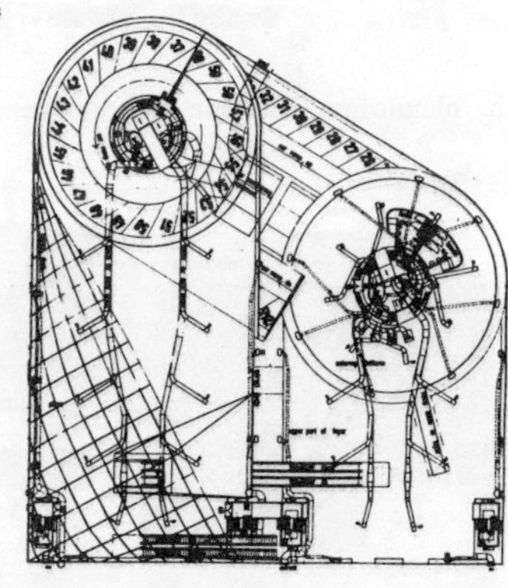

34. MICHAEL WEBB: Projeto *Sin Centre* (corte e planta): rampa em caracol e sistema de circulação mecânica.

a. ponte transversal com grua corrediça acima do sistema de torres de serviços, entramados horizontais (suportes), ausência de pisos fixos.

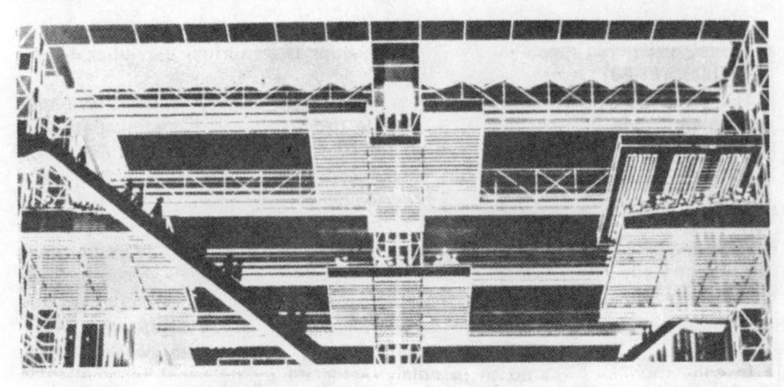

b. plataformas abertas e anfiteatros em forma de rampa.

c. volumes fechados para atividades que exigem ambiente controlado.

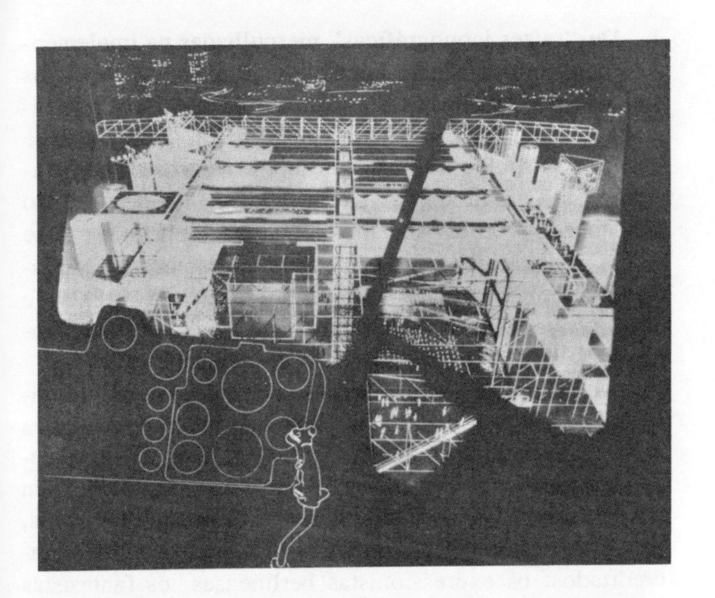

d. plano geral.

35. CEDRIC PRICE, FRANK NEWBY, GORDON PASK: Projeto *Fun Palace*, 1962.

De "raízes iconográficas" mergulhadas na implementação da cultura e consumo dos descartáveis (utilitários industrialmente produzidos e de curta duração, nas linguagens dos quadrinhos, da literatura e do cinema de ficção científica), tecnicamente apoiados nas megaestruturas, esses arquitetos erigem projetos de cidades que são apresentados principalmente em suas publicações (que levam o nome do grupo), mediante assombrosos grafismos, desenhos de alta elaboração técnica e artística e apegados aos detalhismos, como observa Reyner Banham[36].

De execução nem sempre convincente, mas intensamente experimentais, tais projetos abarcaram de início as idéias de Buckminster Fuller, Cedric Price ("Fun Palace"/1962), as casas móveis e as estruturas plásticas, além de elementos submarinos e espaciais (tubos, conectores, cápsulas etc.) e "certos personagens historicamente desacreditados: os expressionistas berlinenses, os fantasistas russos dos anos 20, os futuristas"[37].

A exposição "The Living-City"/1963 constitui uma indagação acerca do projeto da cidade cujo desenho apresenta um incisivo deslocamento das faixas paradigmáticas habituais. Estas faixas deixam de ser selecionadas primeiramente no eixo das possibilidades técnico-construtivas para recaírem diretamente na relação comunidade/imaginário, tratando-se de uma seleção que opera ao nível da extração da fantasia e do fantástico e por vezes do *nonsense* do universo *pop* como por exemplo a figura do *Superman*, máquinas excêntricas, robôs etc. Segundo Charles Jencks aqui "a cidade não era vista como arquitetura (*hardware*), mas como pessoas e suas 'situações' (*software*)"[38].

Entre 1963/65 o grupo propôs formas monumentais ("edifícios") que se moviam, cresciam, voavam, submergiam n'água etc. Tais concepções obtiveram adesão e se fortaleceram, de acordo com Banham, sobretudo com a

36. Reyner Banham, *Megaestructura/Futuro Urbano del Pasado Reciente*, Barcelona, Gustavo Gili, 1978, pp. 84-85.

37. *Idem*, p. 89.

38. Charles Jencks, *Modern Movements in Architecture, Op. cit.*, p. 288.

conferência realizada em Folkestone/1966 sob o título IDEA ("Diálogos Internacionais sobre Arquitetura Experimental")[39].

Abrigando diversidade e flexibilidade, pretensamente desconectada de ideologias, o Archigram preconizou uma cidade livre, um centro de prazer e buscou intensamente desenhá-lo. Em 1962, Michael Webb já tinha imaginado o "Sin Centre" em cujo projeto Jencks vê "produzido o primeiro e real equivalente arquitetônico do erotismo mecanomórfico de Hamilton"[40], referindo-se à pintura *pop* de Richard Hamilton, "Hommage à Chrysler Corp."/1957.

"Plug-in-City", de Peter Cook/1965, constitui-se num dos projetos mais elaborados de "Cidade-Archigram", sintetizando todo o conjunto de invenções do grupo e assinalando tanto a exacerbação quanto o fim da exploração megaestrutural. A partir daí, conforme Banham, buscou-se

> um certo tipo de unidade residencial autônoma, de máxima flexibilidade, adaptabilidade, mobilidade e não-monumentalidade, que existisse com plena independência, sem ajuda da megaestrutura e de nenhum sistema de suporte permanente[41].

Em 1968, David Greene elabora algo como um veículo pneumático, de dimensões mínimas (semelhante a uma "cadeira de dentista", diz Banham) que era provido de tudo o que fosse necessário em matéria de diversão, informação e sistemas de manutenção.

> Em caso extremo, o usuário poderia reclinar-se descansadamente em sua bolha móvel enquanto os sistemas associados o proveriam de luz, calor, música etc., e cobririam o interior da bolha com um conjunto de imagens projetadas, em um isolamento total e autônomo com respeito ao mundo exterior e ao resto do gênero humano[42].

Após a trajetória empreendida pelo Archigram, na qual caminha-se de máximas para mínimas estruturas, do

39. Reyner Banham, *Op. cit.*, p. 89.
40. Charles Jencks, *Op. cit.*, p. 282.
41. Reyner Banham, *Op. cit.*, p. 98.
42. *Idem*, p. 99.

coletivo para o individual, mais ainda para o isolamento deste individual, trajetória na qual o desenho do edifício e da cidade parece "desenraizar-se" progressivamente do solo (na realidade um índice prenunciado pelo modernismo), saturando a esfera noológica da *pop art*, o pós-modernismo, que tem em Robert Venturi e Charles Jencks acirrados teóricos e defensores, retoma, numa espécie de desvio da *pop art* ou por ela induzido porque de certo modo o abrigava, o desenho do edifício e da cidade fortemente reinscritos no solo e na história.

A *pop art* diz Venturi, "demonstra que estes elementos vulgares" – referindo-se aos signos que constituíram o idioleto *pop* –

> amiúde são a principal fonte de variedade e vitalidade fortuita de nossas cidades e que não são sua banalidade ou vulgaridade enquanto elementos que causam a banalidade ou vulgaridade do panorama, mas suas conexões contextuais de espaço e escala[43].

São esses "elementos" estandartizados e carregados de convencionalidade que Venturi considera que necessitam ser resgatados, desde o interior do "método urbanístico". É a partir desta leitura da *pop art* que Robert Venturi empreende sua importante análise de Las Vegas, onde entre outras afirmações/descobertas, diz ele:

> Esta arquitetura de estilos e signos é antiespacial; é mais uma arquitetura da comunicação que uma arquitetura do espaço[44](...). O símbolo domina o espaço. A arquitetura não basta (...). Às vezes, o próprio edifício é um anúncio[45].

A abordagem teórica destas questões por Venturi começa em torno de 1966 com a sua detecção de uma "complexidade e contradição" na arquitetura, sendo incorporada e expandida por Charles Jencks, configurando-se assim as bases do atual pensamento acerca do pós-modernismo em arquitetura. Diz então Venturi naquela ocasião:

43. Robert Venturi, *Complejidad y Contradicción en La Arquitectura*, Barcelona, Gustavo Gili, 1982, p. 71.

44. Robert Venturi, Izenour Steven e Denise Scott Brown, *Aprendiendo de Las Vegas/El Simbolismo Olvidado de La Forma Arquitectónica*, Barcelona, Gustavo Gili, p. 29.

45. *Idem*, p. 35.

36. RON HERRON, BRIAN HARVEY: Projeto *Walking City*, 1964.

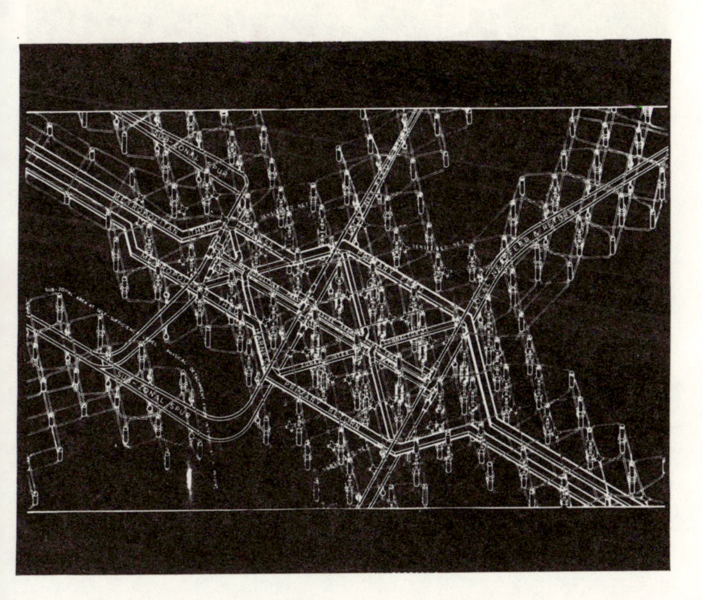

37. DENNIS CROMPTON: Projeto *Computer City*, 1964.

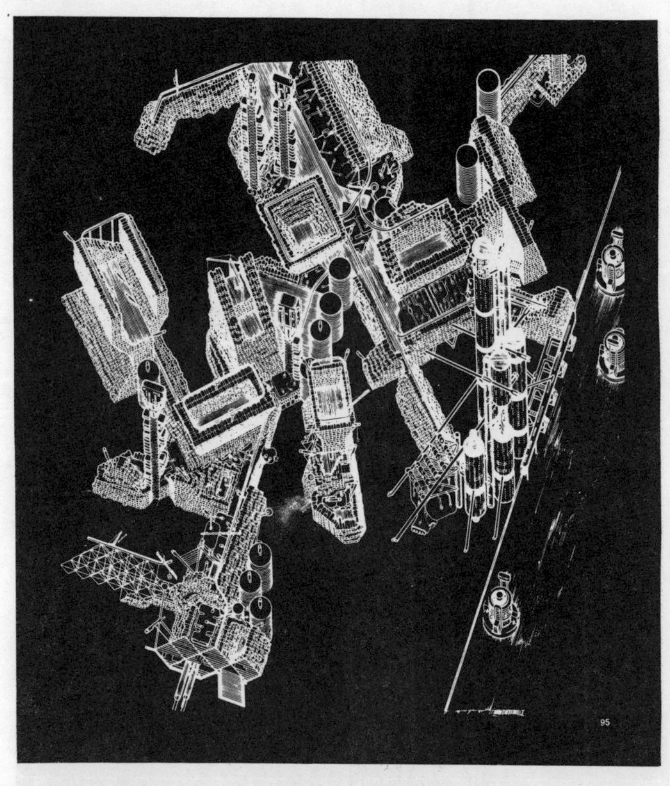

a. plano geral.

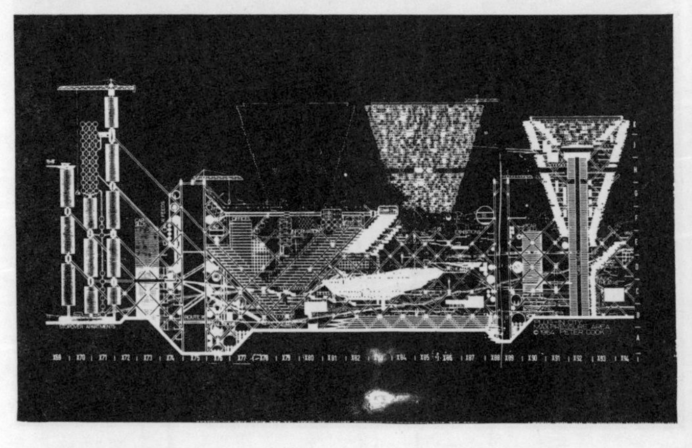

b. seção da "área de pressão máxima".

c. variabilidade e controle da complexidade tridimensional.

38. PETER COOK: Projeto *Plug-In-City*, 1963/64.

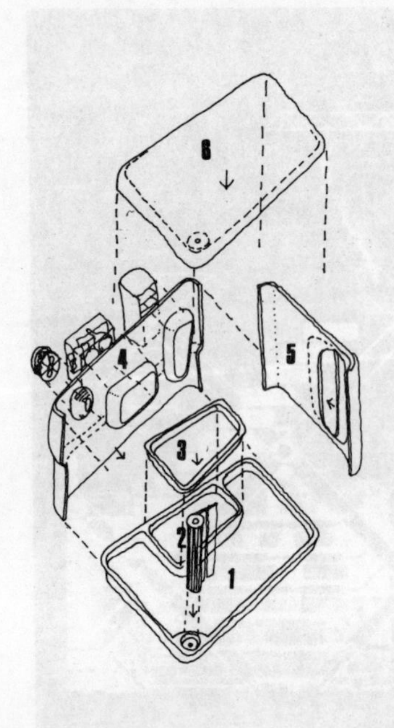

a – 1. superfície-piso.
2. parede-enrolável.
3. leito.
4. parede de artefatos.
5. parede interna.
6. superfície-teto.

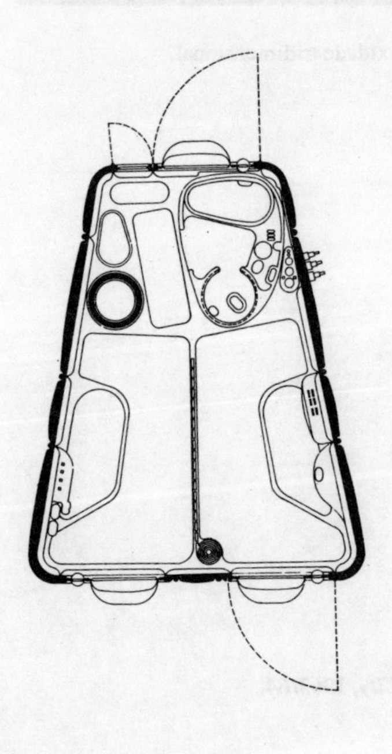

b – planta

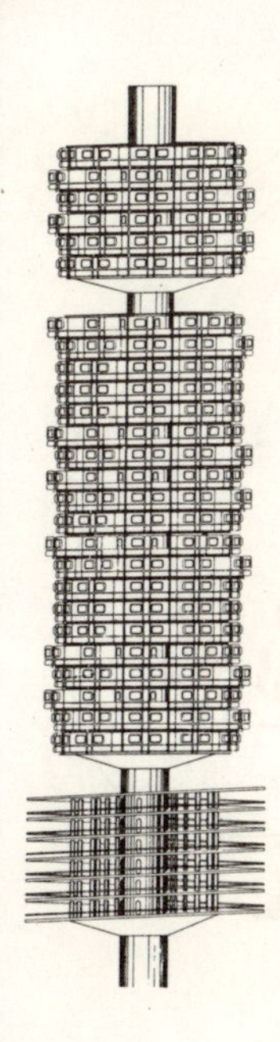

c – torre de "habitações-cápsulas".

39. WARREN CHALK: Projeto *Habitações-Cápsulas*, 1964.

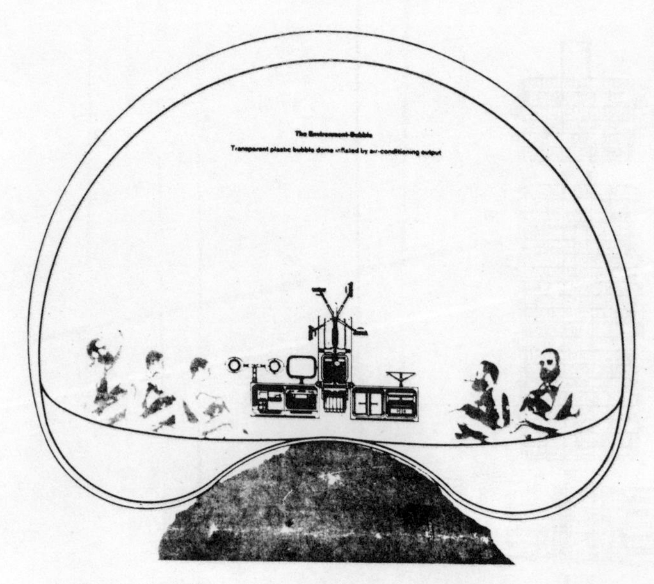

a – bolha ambiental.

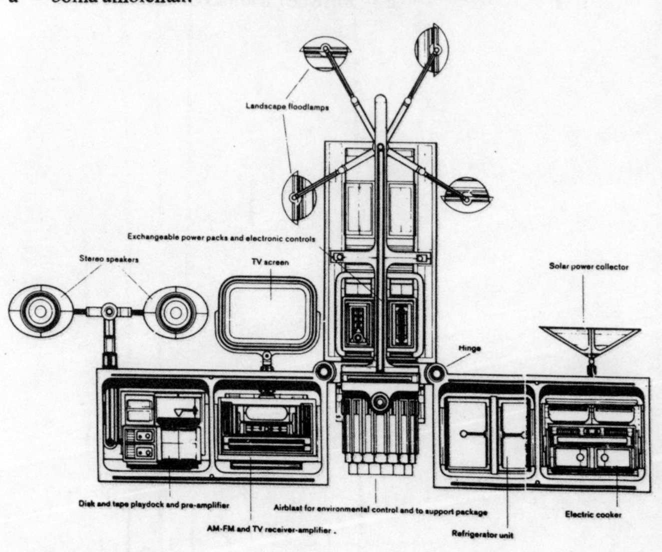

b – equipamentos.

40. REYNER BANHAM e FRANÇOIS DALLEGRETT: Projeto *Un-House*, 1965.

41. PHILIP JOHNSON: *Edifício AT & T* – maquete, (New York, N.Y., 1978/82).

Flamingo
Flamingo
Flamingo
CAESARS
STARDU
TEXA
TEXACO
TEX
The
MINT
NT
The MINT
GO
The
MINT
HOTEL
SESHOE
CAROUSEL
The
MINT
NT
HOTEL
SINO

42. LAS VEGAS: *Publicidade e Edifícios* (Estudados por R. Venturi e equipe, 1977).

43. PAOLO PORTOGHESI: *Casa Baldi*, (Rome, 1959).

44. ROBERT VENTURI e equipe: Restaurante *Gordon Wu*, (New Jersey, 1981/83).

Os arquitetos não podem permitir que sejam intimidados pela linguagem de moral puritana da arquitetura moderna. Prefiro os elementos híbridos aos "puros", os comprometidos aos "limpos", os distorcidos aos "retos", os ambíguos aos "articulados" (...). Defendo a vitalidade confusa frente à unidade transparente. Aceito a falta de lógica e proclamo a dualidade[46]. (...). A doutrina "menos é mais" deplora a complexidade e justifica a exclusão por razões expressivas[47].

Reiteradas vezes Venturi preocupa-se com a "legitimação" poética da arquitetura que propõe, recolhendo numa dessas ocasiões uma citação de Cleanth Brooks através da qual busca fundamentar seu argumento:

(...). Não é suficiente para o poeta analisar sua experiência como faz um cientista, dividindo-a em partes, diferenciando uma parte da outra e classificando as diferentes partes. Seu labor ao final é unificar a experiência. Deve devolver-nos a unidade da experiência tal como o homem a conhece em sua própria experiência (...) dando-nos um conhecimento que conserva a unidade da experiência e que, em seus níveis mais altos e sérios, triunfa sobre os elementos aparentemente contraditórios e conflitivos da experiência, ao unificá-los em uma nova disposição[48].

Por motivos semelhantes Jencks ataca o que denomina a "forma univalente" e o "conteúdo univalente" da arquitetura moderna, os quais segundo ele seriam produtos da fetichização dos meios de produção (sendo Mies van der Rohe o mais perfeito representante desta fetichização), cuja conseqüência constituiu em tentar eliminar a contradição, ou melhor, uma divisão esquizóide intrínseca à linguagem da arquitetura.

Eu creio que as causas profundas disto – diz Jencks referindo-se à esta contradição – se baseiam na natureza da arquitetura como linguagem, que é *radicalmente esquizofrênica* por necessidade. Estão parcialmente enraizadas na tradição, no passado (...) estão também parcialmente enraizadas na sociedade que muda com grande rapidez e com novas exigências[49].

Ou dito de outro modo:

46. Robert Venturi, *Complejidad y Contradicción en La Arquitectura*, *Op. cit.*, pp. 25-26.

47. *Idem*, p. 28.

48. *Idem*, p. 34 (Cleanth Brooks, *The Well Wrought Urn*, Harcourt, Brace & World Inc., New York, 1947, pp. 212-214).

49. Charles Jencks, *El Lenguaje de La Arquitectura Posmoderna*, *Op. cit.*, p. 24.

(...) desde o princípio aprendemos os signos culturais que tornam qualquer lugar urbano peculiar a um grupo social, uma classe econômica ou um povo historicamente definido, e entretanto, os arquitetos modernos passam o tempo desfazendo todos estes signos na intenção de desenhar para o homem universal: o mítico Homem Moderno. (...). Intentam dar ao homem moderno uma consciência mítica, com vigorosos modelos reminiscentes de sociedades tribais, refinadas em sua pureza, plenos de uma elegante "unidade na variedade", e dotados de toda espécie de harmonias geométricas[50].

Buscando estabelecer os modos da comunicação arquitetônica, para posteriormente dispor os pressupostos pós-modernos nos seus termos, Jencks distante de uma perspectiva de linguagem clara alinha confusamente alguns poucos conceitos, na realidade incapazes de responder às suas necessidades: Metáfora (conceito que oscila entre comparações de símbolos, onde subjaz implícita um idéia de mímese); Palavra (conceito com o qual busca delinear "léxicos" arquitetônicos, dispostos na estratificação de uma compreensão verbalista de tais "léxicos" incidindo em explicitações de "conteúdos"); Sintaxe (conceito que se confunde com os sistemas e técnicas construtivos); Semântica (conceito através do qual busca as leis de determinação de "ordens", "estilos" e correlatos)[51].

Finalmente Jencks postula como síntese um "classicismo pós-moderno" onde estão inclusas a metáfora, a ornamentação, a policromia, a convenção, tratando-se o pós-moderno arquitetônico para ele de um "estilo eclético"[52]. Portoghesi num esforço de justificação teórica mais abrangente observa:

As características desta arquitetura pós-moderna são colhidas, sobretudo, por diferença no que diz respeito à tradição do movimento moderno, mas também por analogia com a produção cultural dos períodos historicamente semelhantes ao nosso, como o maneirismo e o barroco. O *post-modern* é mais evolucionista do que revolucionário; não nega a tradição moderna mas interpreta-a liberalmente, integra-a, percorre criticamente as suas glórias e erros[53].

50. *Idem*, pp. 24-25.
51. Cf. *idem*, pp. 39 e ss.
52. *Idem*, p. 146.
53. Paolo Portoghesi, *Op. cit.*, pp. 46-47.

45. MINORU TAKEYAMA: *Berverly Tom Hotel*, (Hokkaido, 1973/74).

46. ROBERT VENTURI e equipe: *Pátio Franklin*, (Filadélfia, 1972/76).

47. RALPH ERSKINE: *Byker Wall*, (Newcastle – fusão de edifícios novos e antigos, 1976).

48. RICHARD ROGERS, RENZO PIANO: *Centro Pompidou*, (Paris, 1977).

49. CHARLES MOORE e equipe: *Piazza d'Italia* – maquete, (New Orleans, 1976/79).

50. RICARDO BOFILL: *Conjunto Abraxas*, (Marne-la-Valée, 1978/82).

51. RICARDO BOFILL: *Conjunto Abraxas*, (Marne-la-Valée, 1978/82).

O pós-modernismo, a partir da perspectiva Venturi/Jencks em que pese a "complexidade e contradição", (na verdade incidente em todo o campo coberto pela problemática da linguagem), opera menos com a mobilidade intrínseca a essas "quase-categorias" propostas por Venturi do que com procedimentos que constituem fortes obstáculos à expansão ou livre fluxo de tais "categorias", entre estes a retomada veemente da convencionalidade. A comunicação arquitetônica aqui (sempre pensada mais em função do edifício do que da cidade, diga-se), centrada nos pólos de emissão e recepção das mensagens, na caracterização das funções emotiva e imperativa de linguagem, reinscreve no fluxo comunicacional, juízos, valores, normas estético-historicistas, revelando uma faceta profundamente regressiva e conservadora em suas postulações.

Conduzindo a primazia do contexto, do referente (apelando até para a Psicologia da Gestalt para tanto)[54], pretende resgatar suas conexões simbólicas (ironia, citação, metáfora etc.), quer dizer o poder que emite. Venturi pretende transformar o contexto através de um "estranhamento" que consiste em reorganizar a comunicação de modo "não familiar", num intenso esforço de re-semantização da mensagem. Restaurar a função referencial de linguagem sobre tais bases é intensificar a esfera ideológica que busca presidir a ordem espacial. É verdade que Venturi fala também de uma "supercontigüidade"[55], mas no sentido de uma super aproximação entre signos (ou para falar como ele, entre "elementos") plásticos, funcionais etc., histórica e/ou socialmente distantes. Pode estar por aqui a brecha que permita ao impasse pós-moderno solucionar-se, embora o arquiteto não diga, nem pareça perceber (preocupado que está com a "inclusão") que sua idéia de "supercontigüidade", se efetivada, pode provocar (ao contrário do que ele esperaria) uma saturação incontrolável (o procedimento paródico desempenharia aqui papel fundamental, se é que já não o

54. Cf. Robert Venturi, *Op. cit.*, pp. 68 e 141.

55. *Idem*, pp. 94 e ss.

desempenha) cujas conseqüências imprevisíveis poderiam "precipitar" a constituição sígnica da mensagem pós-moderna e desse modo ultrapassar a bricolagem que por ora parece ser a sua única montagem possível. A reinauguração da função poética de linguagem no desenho urbano, cuja face "pós-neolítico-industrial" seria por demais leviano tentar esboçar aqui, parece ter sido indiciada pelo "signo desenraizante" configurado pela trajetória *pop*, onde aflorou também uma "nova" emergência da similaridade e da instabilidade que lhe é inerente.

A fúria pós-moderna pela opacidade (sem dúvida região de intensa manifestação do poético) tende (pelo que se pode observar até aqui e contrariando seu objetivo) a desdiferenciar formas e entropicamente obliterar diferenças. Aos "poemas-projetados" pela montagem construtivo-racionalista opõe "discursos-projetados" pela bricolagem pós-moderna.

O argumento urbano pós-moderno (e o "vínculo social" que lhe dá corpo) necessariamente terá de continuar a operar a complexidade crescente da produção de informação, podendo expressar-se sob o modo dos "jogos de linguagem" de que fala Lyotard[56], onde saber e ciência estão elididos, passando pelos "decisores", pela intensa possibilidade do terror e pela necessidade de se "chegar a uma idéia e a uma prática da justiça que não esteja relacionada à do consenso"[57].

56. Jean-François Lyotard, *O Pós Moderno*, José Olympio, Rio de Janeiro, 1986.

57. *Idem*, p. 118.

3. AQUÉM DA LEI, ALÉM DO SOLO: MÍNIMOS ÍNDICES

chanutes aders wrights demoiselles voi

sins blériots fluindo sedas tensas lib

élulas ouro onvionleta no pôr-de-ar de

ocre da tarde lá em baixo sôbre a calota

megalopolitana em olho-de-peixe sign(

ÕS DECOLANDO PLANANDO CIRCUNVÕLUINDO

SOBRE LOBÕS CALOS QUIASMAS BULBOS VENT

RÍCULOS TRÍGÕNOS PEDÚNCULOS FENDAS DE

ROLANDÕ E SYLVIUS SOB UM CÉU PARIETAL)

(Décio Pignatari, "Noosfera", 1972, in: *O Rosto da Memória*, São Paulo, Brasiliense, 1986, p. 39.)

3.1. *Um Circuito Noológico*

Os circuitos háptico-visual-locomotores produzidos pelo desenho urbano têm origem e se interrompem nos limiares da percepção, de sua competência para significar, ou de sua disponibilidade de uso: presentidade/conflito/lei/presentidade (da elaboração de um símbolo à sua saturação). A rigor esses circuitos não têm início, nem fim, entrando em interação com os receptores urbanos entre as faixas que vão de uma infra-signicidade a uma ultra-signicidade, quer dizer, através da mediação sígnica operatória e operacionalizável onde atuam as especificidades relacionais que perpassam os modos e mecanismos possíveis de comunicação que emergem ou submergem nessa interação: substituição, aglutinação, suspensão provisória, cancelamento etc.

Tratam-se de circuitos transformacionais que fluem num desenho. Entrando em estado de fusão com este desenho, amalgamam-no, dão-lhe corpo, infiltram-lhe vozes. Não se fixam. São mutáveis. Fundindo-se ao desenho urbano e sendo por ele colocados em funcionamento, não cessam de expor as contradições signo/objeto das quais o primeiro está sempre transbordando, cindindo a argumentação urbana (univocidade/finalismo) e libertando "falas urbanas" marginais às quais tal argumentação para estatuir-se e instituir-se, esforça-se para emudecer. Também a função poética de linguagem não tem início, nem fim, transparecendo continuamente na descontinuidade dessa mesma cisão. Como esclarece Jakobson:

> A supremacia da função poética sobre a função referencial não oblitera a referência, mas torna-a ambígua. A mensagem de duplo sentido encontra correspondência num remetente cindido, num destinatário cindido e, além disso, numa referência cindida[1] (...)

É desse modo que a função poética transmuta-se (dado sua "sobrenatureza" sígnica e auto-reflexividade), em canal de irrupção da informação na disposição teleonômica ambiental-urbana. Em substituição à redundância insti-

1. Roman Jakobson, *Op. cit.*, p. 150.

tuída atua de modo a provocar o desabrochamento de núcleos de regeneração informacional (holomorfose) no interior do desenho urbano.

À semelhança das estruturas profundas e superficiais da linguagem verbal estudadas por Chomsky[2], os circuitos háptico-visual-locomotores constituem a estrutura profunda do desenho urbano, sua concreção – da presentidade à presentidade espácio-ambiental – a partir da qual derivam as estruturas superficiais: incidências normativas sobre tal presentidade, recortes funcionais discretos. Entre ambas o aqui/agora (abdução/indução/dedução) da vivência ambiental-urbana, fluxo onde a finitude das estruturas de superfície abrem-se continuamente à infinitude das estruturas profundas responsáveis pelos movimentos de integração, desintegração, reintegração ambientais.

Assim, a partir dos deslizamentos que alternam objeto dinâmico/objeto imediato (subjacentes às estruturas profundas e superficiais respectivamente), a tessitura sígnica urbana (interpretante) converte-se em precursora e perscrutadora de um objeto, de um pulsar funcional, que foi, é, terá sido sentimento/pensamento.

O interpretante urbano constitui um "terceiro/primeiro" que está "colado" entre o signo e aquilo que no signo não é signo, isto é, constitui-se como tal à medida em que está elidido à constituição fenomênica do signo. É verdade que esta característica do interpretante é inerente a toda e qualquer articulação sígnica, toda linguagem, atingindo porém no desenho urbano um grau surpreendente de intensidade e espessura.

Ao ser "performatizado" por circuitos de faixas sígnicas, o desenho urbano transforma-se em veículo de se-

2. O estudo de Chomsky a esse respeito tem por base a Gramática de Port-Royal (1660): "Grammaire Générale et Raisonée". A estrutura profunda relaciona-se de acordo com Chomsky aos aspectos mentais e interiores e a estrutura superficial aos aspectos físicos e exteriores da linguagem verbal. A primeira é da ordem de juízos elementares relacionando-se desse modo à produção do pensamento, enquanto a segunda é da ordem da materialidade dos "conteúdos semânticos" veiculados pela linguagem. Cf. Noam Chomsky, *Lingüística Cartesiana*, Petrópolis/São Paulo, Vozes/Edusp, 1972, pp. 43 e ss.

res noológicos[3], que só é apreendido/utilizado por meio de um envolvimento global: corpo, sentimento e pensamento. Veículo esse de um quase-vácuo sobrecarregado de índices em pulsões-limites, que faz granular de súbito a dimensão urbano-semiótica latente, no desenrolar de um percurso viário, no habitar um edifício, no desempenho de uma atividade urbana específica. Tal dimensão – esferas de operações tradutórias intersemióticas – tem como escopo produzir uma idéia, um significado, um uso, apreender/decifrar um nome (que não é nome, ou é nome indizível, pois que ícone), esquecê-lo ou resgatá-lo, perdê-lo. Esses seres noológicos (energia, sentimento, pensamento) são o protoplasma que faz de seu veículo, o desenho urbano, um organismo cultural e metacultural (antropologia, sociologia, a enciclopédia etc.).

3. Assim explica a "esfera noológica" (noosfera: noos/genitivo grego: da mente, do pensamento + sfera/grego: esfera) Edgar Morin com a colaboração de Irene Nahoum, in: *Cultura de Massa no Século XX/O Espírito do Tempo* – II (Necrose), Rio de Janeiro, Forense-Universitária, 1977, pp. 67-68: "A 'esfera noológica' define aqui um novo campo de estudo que faz um reexame da cultura no sentido etnossociológico (ideologias, religiões, crenças, literaturas), no sentido antropológico (dispositivo mental filogeneticamente determinado) e, enfim, formula a questão biológica (produção e regras do cérebro, química das idéias)". E ainda: "Por mais heterogêneo que ele seja nos seus elementos, o domínio da cultura constitui um fenômeno que se pode chamar noológico. Este termo tem um antecedente um tanto especial; foi Teilhard de Chardin quem falou de noosfera para designar a esfera dos fenômenos espirituais. Foi em seguida retomado por autores inteiramente estranhos ao teilhardismo, como, por exemplo, Jacques Monod. A noção de noologia conduz, então, às produções e às regras do cérebro ou do espírito humano e permite evitar as conotações seculares do termo espiritual". Em obra anterior, Morin já fazia referência a essa questão. Cf. Edgar Morin, *Op. cit.*, pp. 108 e 148. Diz ele à p. 148: "Aqui, devemos dizer duas palavras sobre um fenômeno capital, a existência *viva* dos seres noológicos, idéias, símbolos, espíritos, deuses que dispõem não só de uma realidade subjetiva, mas também de uma certa autonomia objetiva". Roman Jakobson, *Op. cit.*, p. 99 faz referência à Noologia de H. Gomperz (filósofo vienense, 1873/1942) afirmando que tal doutrina está na base da filosofia medieval da linguagem. Consultamos ainda a respeito da questão: Pierre Auger, *L'Homme Microscopique*, Paris, Flammarion, 1966. Pierre Teilhard de Chardin, *O Fenômeno Humano*, Porto, Tavares Martins, 1970. Jacques Monod, *O Acaso e a Necessidade*, Petrópolis, Vozes, 1971.

3.2. *Onde a Matéria é Pensamento*

A materialidade sígnica do desenho urbano põe em contato, à maneira de vasos comunicantes, as demarcações vindas da tradição artesanal, que circunscrevem aquilo que tem sido habitualmente considerado como "natural" e "artificial". Tais "campos" encontram-se, no desenho urbano, transubstanciados, entrelaçados, à sombra das intermitentes mudanças de escalas, como os "objetos estranhos", de Jacques Monod[4]. Diz Monod ao estudar esta questão:

Sabemos que a faca foi modelada pelo homem para uma utilização, para uma *performance* já prevista. O objeto materializa a intenção preexistente que lhe deu origem e sua forma se explica pela *performance* que dela se esperava antes mesmo que se realizasse[5].

E mais adiante ao examinar o exemplo de uma colméia:

(...). Sabemos que a colméia é "artificial", no sentido em que representa o produto da atividade das abelhas. Mas temos boas razões para pensar que esta atividade é estritamente automática, atual, mas não conscientemente projetiva. No entanto, como bons naturalistas, consideramos as abelhas seres "naturais". Não há uma flagrante contradição em considerar artificial o produto da atividade automática de um ser "natural"?[6].

Deste modo, ao chegar ao foco de sua análise, acrescenta:

(...). Todo artefato é um produto da atividade de um ser vivo que exprime, assim, e de modo particularmente evidente, uma das propriedades fundamentais que caracterizam todos os seres vivos sem exceção: a de serem *objetos dotados de um projeto* que ao mesmo tempo eles representam em suas estruturas e realizam por suas *performances* (tais como, por exemplo, a criação de artefatos)[7].

Deve estar claro que não estamos comparando o desenho urbano com uma totalidade de intenções preexistentes ou mesmo, com uma colméia. Importa-nos desta-

4. Cf. Jacques Monod, *Op. cit.*, pp. 15 e ss.
5. *Idem*, p. 15.
6. *Idem*, p. 18.
7. *Idem*, pp. 20-21.

car, em Monod, a noção de um projeto fundante tal como ele o dispõe: a partir do qual todos os outros são extensões e/ou amplificações. Na realidade, o que se observa aqui é a explicitação de uma noção de protoprojeto onde o "natural" e o "artificial" estão imbricados e transparecem de saída transfigurados, pois que ao emergirem faca e colméia, assim o fazem quer seja por sofrerem mudanças de escalas, isto é, por alterações moleculares em suas estruturas; quer seja porque um interpretante os aguarda e/ou lhes atravessa dando-lhes sentido, tornando-os vivos na vida/(morte) dos signos. Sim, nem tudo é signo. Contudo, o que não se percebe, conhece ou se espera é um devir sígnico, uma possibilidade de inscrição ainda não desvelada, um projeto cujo lugar está sempre aquém de qualquer inauguração e cujo materializar-se (tornar-se signo) constitui atividade inerente ao homem.

Pois bem, o que é a escritura urbana senão um conjunto de expressões projetuais (produto de um projeto anterior que as inscreve), de traduções (produto das modificações de escalas entre o "natural" e o "artificial"), plasmadas em cores, texturas, superfícies, desenho/ambiente cujas funções ultrapassam em muito àquelas referenciais já mencionadas?

Lembremos a propósito a relação tradução/vida observada por Walter Benjamin acerca da obra de arte (verbal, diga-se), em "A Tarefa do Tradutor". Depois de afirmar que a tradução prolonga e dá continuidade à vida da obra objeto de tradução, diz Benjamin:

> Não é metafórica mas sim literalmente que se deve entender a vida e sobrevivência de uma obra de arte. Já mesmo nos tempos do pensamento mais acanhado e primitivo se suspeitava que se não devia atribuir vida apenas a seres e corpos orgânicos[8].

Guardando-se as devidas cautelas, dada a especificidade do texto de Benjamin, dele nos aproximamos na medida em que o desenho urbano é também tradução e igualmente prolonga e dá continuidade à vida, a um pro-

8. Walter Benjamin, "A Tarefa do Tradutor", *Revista Humboldt* 40, Munique, 1979, p. 38.

jeto, que se torna atual na corporificação de circuitos e esferas noológicos. Tradução e vida: cápsulas-de-pensamento, "signos decolando, planando, circunvoluindo", que encontram no desenho urbano fértil campo de pregnância e desenvolvimento, onde para utilizarmo-nos de uma expressão de Octavio Paz, "a matéria é pensamento" [9]. Ou para observarmos como Pierre Auger:(...) "as idéias reproduzem-se (...) nos meios constituídos pelos cérebros humanos"[10].

Operando deste modo uma mutação permanente na paisagem do mundo, o desenho urbano educa os sentidos, amplia competências e consciências, perfazendo-se em interpretante que no limite é desenho que "lê" desenho, forma que "lê" forma, nos inumeráveis e singulares entrecruzamentos das qualidades que, assemelhando-se à fita de Möebius (Lacan), passam imperceptivelmente da mudez à fala, do quase-signo ao signo, de um pensamento a outro. Como diz Peirce:

> O signo-pensamento representa o objeto na perspectiva por que o pensa; esta "perspectiva" é o objeto imediato da consciência no pensamento, ou o próprio pensamento, ou, pelo menos, o pensamento pensado no pensamento subseqüente a quem serve de signo[11].

São esses seres noológicos em sua irredutibilidade significante, os responsáveis pela identidade flutuante do desenho urbano. Tecem a trama dos lugares urbanos por engendramento de qualidades possíveis: encontro e cópula, usuários/espaço urbano, rede de significados. Por outro lado, destecem, destramam por meio do estranhamento provocado pelos movimentos singulares de tais qualidades ao interagirem com os usuários urbanos na cotidianidade das vivências e usos, afastando, desconectando, suspendendo etc., os significados estabelecidos para redesenhá-los sob novas relações. "Enquanto a biosfera se

---

9. Octavio Paz a propósito de M. Duchamp, in: *Marcel Duchamp ou o Castelo da Pureza*, São Paulo, Perspectiva, 1977, Col. Elos nº 13, p. 33.

10. Pierre Auger, *Op. cit.*, p. 98.

11. Charles Sanders Peirce, *Escritos Coligidos, Op. cit.*, p. 80. *Collected Papers*, 5.286.

constitui em território de habitação, o reino dos signos é território em trânsito"[12], conflito perene do desenho urbano entre sua necessidade de fixidez e mobilidade. Um conflito que é também alteridade e dialogia, oscilações das relações cambiantes entre o eu (o indivíduo/usuário, a casa, o bairro) e o outro (a comunidade, a cidade, o centro), entre identidade e não-identidade, ego e não-ego, conflito que assinala em sua quase impossibilidade, aquém da lei, além do solo, um espaço-lugar de Eros: presente e passado simultaneizados pela circulação sígnica que ao indiciar o seu devir territorializa/desterritorializa – em ondas de amplitudes e freqüências variáveis, e à revelia dos códigos que lhe deram origem – epidermes, íris, pensamentos, percursos, narrativas, documentos.

3.3. *A Polarização Dialógica*

É no território em trânsito dos signos, na sua precipitação ambiental, que a recepção urbana potencializa, "a zona de incerteza entre a subjetividade e a objetividade, entre o imaginário e o real – e sua fenda está aberta, mantida pela brecha antropológica da morte e pela arrebentação do imaginário" (...)[13]. É nesta zona de incerteza que tal recepção (re-)produz, traduz, transcria o eixo paradigmático ambiental-urbano ao reconverter-se e/ou reconhecer-se (na proliferação que a caracteriza), fonte do processo comunicacional urbano. No embate que acaba por empreender para impedir o fechamento às semantizações redutoras da emissão, emerge na pluralidade da diferença, no fio condutor da múltipla espiral dialógica que entretece, onde, para falar como Bakhtin, "não existem formas sintáticas com a função de construir a unidade do diálogo"[14].

12. Lúcia Santaella, "Outr(a)idade do Mundo", *Folha de S. Paulo/Folhetim*, 12.10.1986, p. 9.

13. Edgar Morin, *Op. cit.*, p. 112.

14. Mikhail Bakhtin (e/ou Volochínov, V. N.), *Marxismo e Filosofia da Linguagem*, São Paulo, Hucitec, 1981, p. 145.

Num significativo artigo sobre a questão do dialogismo em Bakhtin e Peirce, Lúcia Santaella, explorando o aspecto mais filosófico-semiótico do primeiro (deixando de lado o discurso literário, foco central dos estudos de Bakhtin) afirma que para este,

> não é o nosso ego que dá sentido à linguagem, mas a linguagem que dá sentido ao homem, e esse sentido só pode emergir na interação de vozes, deslocamentos e cruzamentos entre o que fala e o que ouve. O sentido não está armazenado nas consciências individuais, como em um depósito estável e petrificado, mas na relação, nos interstícios entre o falante e o ouvinte que só se definem nas trocas recíprocas que estabelecem e pelo discurso que escolhem entre os discursos disponíveis. Sentido, portanto, é linguagem em movimento, diálogo. A linguagem não é. Está sempre sendo.

E acrescenta:

> Nessa medida, dialogismo não significa para Bakhtin mero intercâmbio de dois egos habitados de linguagem. A fala não é propriedade privada de um eu, mas transformação contínua de uma pergunta em resposta e vice-versa, *propulsão criativa* do falante que, para compreender a fala do outro, tem de traduzi-la em fala outra: "Própria-Alheia"[15].

De outro lado, lembrando que enquanto em Bakhtin o dialogismo corresponde mais a um pensamento lógico-diádico, Santaella destaca na concepção peirceana um dialogismo essencialmente dialético dada sua organização triádica (além de abarcar os sistemas de signos não verbais), pois que em Peirce,

> não há pensamento (...) que não seja dialógico por excelência, visto que a mera presença de um signo chama a presença de um outro (...). Para podermos entender um signo ou pensamento temos de traduzi-lo em outro signo-pensamento. Um pensamento é sempre continuação de um outro para continuar num ainda outro pensamento, e assim *ad infinitum*. Nessa medida, não é o pensamento que está em nós. Nós estamos no pensamento[16].

De volta à questão: "fala própria-alheia" e/ou "signo-pensamento", a recepção urbana ao movimentar-se

15. Lúcia Santaella, "Dialogismo", *Revista Cruzeiro Semiótico II*, Porto, Associação Portuguesa de Semiótica, 1985, p. 7 (grifo nosso).

16. *Idem*, p. 9.

na (des-)dobradura do dialogismo, confirma a constituição paratática sobre a qual se erige bem como reafirma a necessidade de uma paratatização do pólo emissor. Observemos contudo que este até aqui não foi capaz de absorver tal necessidade, dado que absorvê-la significaria uma impossibilidade de centramento, vale dizer de controle das mensagens emitidas, bem como a impossibilidade de atribuir-lhes caráter finalista.

Desse modo o argumento urbano procede basicamente por seleções dentro dos limites do referente institucionalizado, de seus modos simbólicos de manifestações, ignorando paradoxalmente que estes se perfazem no interagir contextual urbano. Há aqui um sempre surpreendente (no mínimo pelo seu anacronismo), procedimento de desvio e bloqueio na produção da linguagem urbana: a articulação sígnica é interditada, interrompida em seu dialogismo a fim de que seja "estruturada" afirmativa e positivamente, hipotaticamente. A linguagem não é aquela que "pode ser" (prolongada, amplificada, viva), mas aquela cujos fatores normativos impõem ser (no limite pulsões de morte, *pathos* de toda ideologia?).

Lúcia Santaella afirma ainda em seu artigo que para Bahktin e Peirce, "a linguagem é inalienavelmente social"[17]. Aqui cabe perguntar: Que espécie de interpretante constitui a recepção urbana tendo-se em vista o horizonte do social?

Rastrear esta indagação significa perquirir um sujeito que de tanto ampliar-se – as massas – parece hoje perder vertiginosamente contorno e centro de gravidade, conduzindo a uma implosão desse social (e com ele a uma implosão do político e do ideológico), pelo menos no sentido da "socialidade clássica (de que ainda fazem parte as eleições, as instituições, as instâncias de representação, e mesmo a repressão)" de que fala Baudrillard em seu instigante ensaio "À Sombra das Maiorias Silenciosas"[18].

17. *Idem*, p. 10.

18. Jean Baudrillard, *À Sombra das Maiorias Silenciosas/O Fim do Social e o Surgimento das Massas*, São Paulo, Brasiliense, 1985, p. 22.

De outro lado, esta indagação converge para um questionamento da emissão urbana, de seus estatutos, de sua legitimidade. Tal emissão mais intérprete que interpretante[19] busca incessantemente manter estável o referente (cada vez menos provável), capaz de garantir a hegemonia de seu discurso, de impedir a dissolução do sentido que busca produzir e induzir ao consumo.

Diz Baudrillard no referido ensaio:

> Bombardeadas de estímulos, de mensagens e de testes, as massas não são mais do que um jazigo opaco, cego, como os amontoados de gases estelares que só são conhecidos através da análise do seu espectro luminoso – espectro de radiações equivalente às estatísticas e às sondagens. Mais exatamente: não é mais possível se tratar de expressão ou de representação, mas somente de simulação de um social para sempre inexprimível e inexprimido. Esse é o sentido do seu silêncio. Mas esse silêncio é paradoxal – não é um silêncio que fala, é um silêncio que *proíbe que se fale em seu nome*. E, nesse sentido, longe de ser uma forma de alienação, é uma arma absoluta[20].

Arma esta que vem assinalar não apenas o fim do social, mas o fim de si mesma (da massa) enquanto vontade e representação desse social, isto é, de um referente em estilhaços cuja emissão procura fantasmaticamente perpetuar.

19. De acordo com Décio Pignatari, "o interpretante não designa tão-somente o intérprete do signo, mas antes uma espécie de Supersigno ou Supercódigo, individual ou coletivo, que reelabora constantemente o seu repertório de signos em confronto com a experiência, conferindo aos signos, em última instância, o seu significado real, prático. O interpretante, assim, não é uma 'coisa' mas antes o processo relacional pelo qual os signos são absorvidos, utilizados e criados". In: Décio Pignatari, *Informação. Linguagem. Comunicação*, São Paulo, Perspectiva, 1971, p. 30.

20. Jean Baudrillard, *Op. cit.*, p. 23. Cabe observar que o pensamento de Baudrillard acerca dessa questão está mais próximo da concepção "aberta" de Peirce do que da Bahktin (1895/1975). Na verdade, o encaminhamento na direção de uma impostação sociologizante do segundo é antagônica à de Baudrillard. Não nos esqueçamos contudo de que os escritos de Bahktin inserem-se em contexto sócio-histórico-cultural muito específico e distante do de Baudrillard. Tampouco devemos nos esquecer que Bahktin, em torno de quem formou-se o "Círculo de Bahktin", contemporâneo do formalismo russo, foi um dos pioneiros na inovação dos estudos de linguagem, e em especial, do dialogismo.

A recepção urbana vive hoje o impasse e a aparente estranheza de estar se transformando em algo diverso de uma consideração em torno de uma média, de um "sujeito médio", que teve sua origem com a modernidade. A superação de tal impasse encontra ressonância na ampliação do horizonte dialógico, o que não quer mais dizer do social e de sua hegemonia, mas na livre convivência da diferença e de seus respectivos circuitos noológicos, na produção de uma metalinguagem mais altamente equipada diante da qual nenhum discurso finalista poderá impor-se. Diz Benjamin: "A ambigüidade é a imagem visível da dialética, a lei da dialética em repouso. Este repouso é utopia, e a imagem dialética, conseqüentemente, uma imagem de sonho"[21]. Lembremos contudo que onde não há ambigüidade não há informação passível de ser sintetizada.

3.4. *Metalinguagem e Estética*

A metalinguagem constitui a face reversa da função poética de linguagem. Opera igualmente com a materialidade dos signos e de suas estruturas de montagem, apenas que seus nexos associativos deslizam – *no modus operandi* que a caracteriza – do eixo da similaridade para o da contigüidade, recaindo na constituição dos códigos: "para falar sobre qualquer linguagem-objeto, precisamos de uma metalinguagem"[22].

A contigüidade metalingüística, melhor dizendo metassígnica, apresenta-se de modo bastante atípico, tratando-se de uma espécie de "contigüidade de baixa definição", fracamente hierarquizada, cujo funcionamento tem em vista uma certa estratégia heurística, que não deve abrigar pretensões finais e/ou finalizantes. Tais pretensões desdiferenciariam-na de qualquer outra linguagem-objeto.

21. Walter Benjamin, "Paris, Capital do Século XIX", in: *Teoria da Literatura em Suas Fontes*, Rio de Janeiro, Francisco Alves, 1975, p. 312.

22. R. Carnap *apud* Roman Jakobson, *Op. cit*, p. 46.

De qualquer modo se não aponta para o estabelecimento de uma ordem, busca localizar e induzir ao funcionamento, à ação, focos de auto-regulação ou autocorreção dos códigos objetos de sua perquirição, e isto, até o ponto de indiciar meios de transformações infra-estruturais em tais códigos. Antes porém de caracterizar-se como um mecanismo repressor, atua como um mecanismo ampliador da competência, pois trabalha com o exame de possibilidades de seleção e escolha, em estreita e fundamental cooperação com a produção de repertórios, sem pretender obscurecer ou silenciar os ruídos de fundo das montagens sígnicas que passam por sua microscopia. Metalinguagem é pois uma função de linguagem que não ignora os intervalos de indeterminação da linguagem, antes acolhe-os, intentando delinear com um mínimo de precisão as irrupções da imprecisão no cerne do transcurso sígnico.

O desenho urbano enquanto processo projeto-construtivo de linguagem é ele próprio produto e produtor de sua metalinguagem. Formas, leque funcional, usos, reprocessam-se à medida que têm expandida a função metassígnica que lhes é subjacente, pois que esta é subjacente aos códigos que os articulam.

O repertório urbano estrutura-se dialeticamente mediante a taxa de informação da metalinguagem com que produz suas configurações. "O recurso à metalinguagem" – diz Jakobson, referindo-se ao código verbal, porém perfeitamente válido aqui – "é necessário tanto para a aquisição da linguagem como para seu funcionamento normal"[23]. A metalinguagem está, desse modo, diretamente vinculada à função cognitiva da linguagem em geral. Aliás, é a partir desta perspectiva que se pode depreender como o desenho urbano em sua "plenitude" funcional perfaz um meio privilegiado de recepção e aprendizagem coletivas. Desenho urbano: sala de aula aberta à produção e aprendizagem de significações as

23. Roman Jakobson, *Op. cit.*, p. 47.

mais imprevisíveis, sala de aula "onde a linguagem aspira por si e de si"[24].

Podem-se considerar dois níveis mútuo-interferentes na metalinguagem urbana: um nível "teórico-crítico", conduzido por "especialistas", nível mais próximo da emissão urbana; e um nível "crítico-pragmático", conduzido por faixas difusas de interpretantes, nível mais próximo da recepção urbana. O primeiro desses níveis é o lugar de produção do projeto e de sua sobrecarga ideológica, nível este que em sua imediatidade tende a deslocar a metalinguagem para uma função imperativa de linguagem. O segundo nível é o lugar das rupturas e transgressões do primeiro, através dos ecos e reverberações dos usos e vivências ambientais, que na sua dinamicidade tende a acelerar o processo da metalinguagem e a revelar o seu reverso: a função poética de linguagem. A metalinguagem é pois uma Terceiridade problemática.

Tomemos a seguinte definição de Peirce acerca da Terceiridade: "Terceiridade é a característica de um objeto que encarna em si – *o-Ser-Entre* ou Mediação em sua forma mais simples e rudimentar (...)".

"Terceiridade é para mim apenas um sinônimo de Representação" (...)[25].

À luz desta definição, metalinguagem constitui para nós e pelo menos a princípio um plano de base sobre o qual assentam-se as configurações do real, tratando-se pois de um plano essencialmente pragmático. Mas retomemos mais amplamente a concepção peirceana, desta vez acerca das divisões da filosofia[26].

Diz Peirce:

24. Theodor W. Adorno, "Discurso Sobre Lírica e Sociedade", in: *Teoria da Literatura em Suas Fontes, Op. cit.*, p. 347.

25. Charles Sanders Peirce, *Escritos Coligidos, Op. cit.*, p. 37. *Collected Papers*, 5.104 e 5.105.

26. Cf. Charles Sanders Peirce, *Escritos Coligidos, Op. cit.*, pp. 43 e ss.: Conferência V: "As Três Espécies de Excelência". *Collected Papers*, 5.121 e ss.

A filosofia tem três grandes divisões. A primeira é a Fenomenologia (...). A segunda é a Ciência Normativa, que investiga as leis necessárias e universais da relação dos Fenômenos aos *Fins*, isto é, talvez, à Verdade, Justiça, Beleza. A terceira divisão é a Metafísica, que tenta compreender a Realidade dos Fenômenos. Ora, a Realidade pertence à Terceiridade (...)[27].

A partir da concepção geral da Ciência Normativa, Peirce define as Ciências Normativas Particulares: Estética, Ética, Lógica e assim as esclarece:

(...). A Ciência Normativa trata das leis que conformam as coisas às finalidades; a estética considera as coisas cujos fins encarnam qualidades de sensação; ética aquelas coisas cujos fins residem na ação – e a lógica, as coisas cujo fim é representar algo[28].

Lembrando que para Peirce, Semiótica é apenas um outro nome para Lógica, é pois nesta que localizamos o plano de base da metalinguagem a que acima fizemos referência. Contudo Peirce subdivide esta categoria (Semiótica/Lógica) em três outras: Gramática Especulativa, Lógica Crítica, Retórica Especulativa[29]. E aqui podemos melhor explicitar porque dissemos ser a metalinguagem uma Terceiridade problemática. Estamos diante de um "terceiro/segundo", pois que enquanto inserida no campo da lógica crítica, a metalinguagem constitui uma interface indicial (ética) que aponta simultaneamente para uma estética e para uma semiótica em seus respectivos planos de correspondências: gramática especulativa e retórica especulativa.

Assim, a metalinguagem urbana em seus níveis mútuo-interferentes incide no desenho urbano como uma lógica crítica que tende a uma ética desse desenho. Ao assim proceder indicia tanto a semiótica desse mesmo desenho quanto aponta para a possibilidade de sua estética.

Sigamos aqui algumas das pistas indicadas por Paul

27. *Idem*, p. 43. *Collected Papers*, 5.121.

28. *Idem*, p. 43. *Collected Papers*, 5.129.

29. Cf. Charles Sanders Peirce, *Semiótica, Op. cit.*, p. 29. *Collected Papers*, 2.93.

Valéry em seu "Discurso sobre a Estética"[30]. Aliás, como já o observou Décio Pignatari, é notável a proximidade do pensamento de Valéry ao de Peirce, cuja obra o primeiro não conheceu[31].

Em seu "Discurso" Valéry, partindo das considerações clássicas em torno da questão estética, encontra uma característica que para ele está na base de todas elas, expressando tal característica como "um certo gênero de prazer". Diz Valéry a esse respeito:

> (...) a Estética, a princípio e durante muito tempo, desenvolveu-se *in abstracto* no espaço do pensamento puro, sendo construída por assentadas, a partir dos materiais brutos da linguagem comum, pelo bizarro e industrioso animal dialético que os decompõe como pode, isolando os elementos que crê simples e se ocupando em edificar, através do contraste dos inteligíveis, a morada da vida especulativa.
>
> Na raiz dos problemas que considerara seus, a Estética colocava um certo gênero de *prazer*[32].

E desdobrando sua consideração:

> (...). Esta espécie de prazer é inseparável de desenvolvimentos que excedem o domínio da sensibilidade e que a ligam sempre à produção de modificações afetivas, daquelas que se prolongam e se enriquecem na direção do intelecto, levando às vezes à realização de ações exteriores sobre a matéria, sobre os sentidos e sobre o espírito de outrem e exigindo o exercício articulado de todos os poderes humanos.
>
> Este é o ponto. Um prazer que às vezes se desenvolve até comunicar uma ilusão de compreensão íntima do objeto que o causa; um prazer que excita a inteligência, a desafia e a faz amar sua derrota; mais ainda, um prazer que pode despertar a estranha necessidade de produzir, ou reproduzir, a coisa, o acontecimento, o objeto ou o estado ao qual ele parece vinculado, tornando-se por causa disso a fonte de uma atividade *sem limite determinado*, capaz de impor uma disciplina, um cuidado, tormentos a toda uma vida, capaz de preenchê-la, quando não de excedê-la – tal prazer propõe à razão um enigma particularmente especioso, que não poderia escapar ao desejo e ao abraço da hidra metafísica (...) A aliança de uma forma, de uma matéria, de uma pensamento, de uma ação e de uma paixão; a ausência de um fim bem determinado e de qualquer acabamento que se

30. Paul Valéry, "Discurso sobre a Estética", in: *Teoria da Literatura em Suas Fontes*, *Op. cit.*, pp. 45 e ss.

31. Cf. Décio Pignatari, *Semiótica e Literatura*, *Op. cit.*, pp. 18 e ss.

32. Paul Valéry, *Op. cit.*, p. 47.

pudesse exprimir em noções finitas; um desejo e sua recompensa regenerando-se mutuamente; este desejo se tornando criador e, assim, causa de si mesmo; destacando-se às vezes de qualquer criação particular e de qualquer satisfação última, para se revelar desejo de *criar por criar* – tudo isto animou o espírito do metafísico: ele aí aplicou toda a atenção que aplica a todos os outros problemas que costuma fabricar no exercício de sua função de reconstrutor do conhecimento em forma universal.

E completando mais adiante:

(...) o filósofo (...), não deixou de querer reduzir, por seus processos ordinários de exaustão e de divisão progressiva, este monstro da Fábula Intelectual, esfinge ou grifo, sereia ou centauro, em quem a sensação, a ação, o sonho, o instinto, as reflexões, o ritmo e a desproporção se compõem tão intimamente quanto os elementos químicos nos corpos vivos; monstro este que às vezes nos é oferecido pela natureza, mas como que ao acaso, e, outras vezes, formado à custa de imensos esforços do homem, que o produz com tudo o que pode despender de espírito, de tempo, de obstinação e, em suma, de vida[33].

É desnecessário alongarmo-nos mais. Se a estética do desenho urbano é uma possibilidade, esta habita os labirintos icônicos de "um prazer que excita a inteligência", pois que este desenho é pensamento quer como expressão, quer como fato – produção de uma teia de relações que liga um signo a um objeto por meio de um interpretante, à maneira de um índice que fica suspenso antes de atingir qualquer espécie de completude simbólica (a estética é um "primeiro/segundo"): forma, matéria, ação, paixão sem fim determinado.

"Sobre a calota megalopolitana", a estética urbana dispersa-se no pulsar das qualidades escriturais intraduzíveis, aspirando plasmar um referente apenas provável através dos jogos entre opacidades e transparências e cujo quase-corpo-sentimento é um pouco pedra, um pouco transpiração, um pouco música (logopaica).

33. *Idem*, pp. 47-48.

4. DESVIO PARA O CONCRETO

Em que estado de repouso ou movimento?
Em repouso relativamente a si mesmos e um ao outro. Com movimento sendo cada um e ambos levados occidentiverso, avantiverso e reverso respectivamente, pelo movimento perpétuo próprio da terra, através de sendas sempermutantes de espaço nunquammutante.*

4.1. *Forma Vazia, Sentido Pleno*

Espacializar o espaço urbano, tornar funcional o leque das funções urbanas, atualizar o repertório dos usos, implica projeções recíprocas entre pensamento e linguagem. Aqui a lógica de continuidade que comanda

* (James Joyce, *Ulisses*, 1914/21, trad. Antônio Houaiss, São Paulo, Abril Cultural, 1983, p. 796.)

o processo (desenho urbano) opera com um conjunto de valências semióticas potenciais cujo escopo é "metabolizar" o circuito urbano conectando e/ou polarizando realidades e representações. Este circuito tende, por vezes, a atingir tal ductilidade a ponto de, no limite, dissolver o referente "manifesto" (que o legitima), nas faixas sígnicas que o entretecem (estas, tanto mais resistentes quanto menos carrearem aderências referenciais). Assim, a aparente dissimetria funcional resultante não faz mais do que revelar o fluxo entre o geral e o particular sígnico urbano, a finitude e a infinitude de sua disposição escritural, o momentâneo e o duradouro das configurações ambientais, promovidos pelo enredamento de sua sintaxe. À essa "desordem" a pragmática urbana resiste com uma espécie de tangência simulada e exponenciada: o mito.

Interpondo-se entre a mobilidade da linguagem e sua rede de significados, o mito impregna a vida urbana em seu cotidiano, com um suposto referente fudamental capturado a indiciar passado e futuro desse cotidiano, e a erigir as bases simbólicas do presente, permeando todos os lugares urbanos, compartilhando a espessura histórica das apropriações e dos usos: o lugar da educação, do trabalho, das compras, do lazer etc. Na realidade, mais do que isso: o mito está na circulação que conduz a todos os lugares, confunde-se com esta, torna-a o próprio do lugar urbano. "Duas vias lhe permanecem abertas" – diz Lévi-Strauss a partir de sua perspectiva antropológica numa de suas inúmeras considerações acerca da questão:

> a da elaboração romanesca e a da reutilização para fins de legitimação histórica. Por sua vez, essa história pode ser de dois tipos: retrospectiva, para fundar uma ordem tradicional sobre um passado longínquo; ou prospectiva, para fazer desse passado o início de um futuro que começa a desenhar-se[1].

Perquirindo o viés geral/particular subjacente às relações mito/história, Cassirer seguindo os passos de

1. Claude Lévi-Strauss, *Antropologia Estrutural Dois*, Rio de Janeiro, Tempo Brasileiro, 1976, p. 274.

Goethe, afirma que para este, "o particular está eternamente submetido ao geral por intermédio do qual justamente é ele constituído e torna-se inteligível em sua singularidade"[2]. E prosseguindo:

Aqui, o geral não aparece, como na física matemática, sob a figura de uma fórmula abstrata, mas se destaca como uma "vida conjunta" concreta. Não se trata da mera subordinação do caso particular à lei, mas de uma organização que, relacionando a parte ao todo, percebe simultaneamente a forma do todo na parte. O caráter discursivo do pensamento conserva sua vitalidade e efetividade em meio a esta percepção, pois o objeto, em sua determinação e singularização individual, não se imobiliza simplesmente diante da percepção, mas começa a mover-se diante dela. Não representa uma pura e simples configuração, mas se desdobra em séries e variedades de configurações: apresenta-se sob a lei da "metamorfose"[3].

Retrospectivo e prospectivo, a presença do mito no desenho urbano, desprende-se do evolver dialógico e dialético entre o geral e o particular no interior das séries espácio-temporais; de um lado, infiltrando-se (na sua "distribuição extensiva"), na caracterização da história urbana e de outro, incidindo (na sua "compreensão intensiva")[4], no permanente jogo de luz e sombra sob o qual se dão as relações entre pensamento e linguagem. A interface entre história/pensamento e linguagem – esforço contínuo das racionalizações projetuais – tanto realiza suturas percepção/símbolo, quanto expõe o lapso inevitável à constituição sígnica, à sua brecha irrefreável, exceto quando esse lapso vem a ser obliterado pela violência de uma jurisdição hegemônica sobre o código urbano global.

2. Ernst Cassirer, *Linguagem e Mito*, São Paulo, Perspectiva, 1985, pp. 45-46.

3. *Idem*, p. 46.

4. *Idem*, p. 52. Cf. a distinção que faz Cassirer entre o pensamento teórico e o pensamento mítico e o intercâmbio entre ambos. O primeiro teria como objetivo "libertar os conteúdos dados ao nível sensível ou intuitivo do isolamento em que se nos apresentam imediatamente". O segundo teria como objetivo um "estreitamento" desses mesmos conteúdos. Corresponderia ao primeiro uma "distribuição extensiva" (produção de uma generalização); ao segundo, uma "compreensão intensiva" (incidência de uma singularização).

Não por acaso para Barthes, "o significante do mito apresenta-se de uma maneira ambígua: é simultaneamente sentido e forma, pleno de um lado, vazio de outro"[5]; sendo que neste significante, a "forma permanece vazia mas presente, o sentido ausente e no entanto pleno"[6].

A concepção semiológica de Barthes (cuja perspectiva é a comunicação de massa) pressupõe, ainda, uma "consciência significante", capaz de dar ao mito o caráter de "uma fala"[7], cujas "matérias-primas"[8] (língua, fotografia, pintura, cartaz, rito, objeto etc.), "por mais diferentes que sejam inicialmente, desde o momento em que são captadas pelo mito, reduzem-se a uma pura função significante: o mito vê nelas apenas uma mesma matéria-prima; a sua unidade provém do fato de serem todas reduzidas ao simples estatuto de linguagem"[9]. Assim para Barthes o mito é uma metalinguagem[10] (sua matéria-prima é pois uma linguagem-objeto); ou ainda, "um sistema duplo, nele se produz uma espécie de ubiqüidade: o ponto de partida do mito é constituído pelo ponto terminal de um sentido"[11]. Sistema que logo adiante comparando mito e ideograma (a significação mítica "não é mais nem menos arbitrária do que um ideograma"), Barthes denominará "sistema ideográfico puro"[12].

Mitos de ontem, caracterizados pelo culto aos mortos com o rito do fogo sagrado, fundando a um só tempo a casa e a família e logo depois a cidade[13] e mitos de hoje, caracterizados pelos sistemas intersemióticos de

5. Roland Barthes, *Mitologias*, Rio de Janeiro/São Paulo, Difel, 1978, p. 139.

6. *Idem*, p. 145.

7. *Idem*, p. 132.

8. *Idem*, p. 136.

9. *Idem*, p. 136.

10. *Idem*, cf. p. 137.

11. *Idem*, p. 144.

12. *Idem*, cf. p. 148.

13. Para um aprofundamento do tema cf.: Fustel de Coulanges, *A Cidade Antiga*, São Paulo, Hemus, 1975.

massa, povoaram o leque funcional urbano e continuam a fazê-lo com o "macro-medium" que o desenho urbano vem constituindo desde o alvorecer da modernidade. Lembremos a propósito que os traços mais característicos do repertório tecnológico moderno – o modelo, a repetição, a memória – eixos paradigmáticos estruturais do desenho urbano produzidos pela série industrial e pós-industrial, são os mesmos traços congeniais à fala mítica.

4.2. *Operar sobre Operações*

A lógica de linguagem que subjaz à articulação das faixas sígnicas constituintes do desenho urbano, tende à lógica da montagem. Desta se aproxima à medida que permite a verificação e correção contínua de seu argumento, abrindo-se aos influxos da base abdutiva que lhe dá origem. Do mesmo modo desta lógica se afasta, à medida que impede tal correção, enrijecendo seu argumento, enclausurando-o institucional e/ou ideologicamente (hegemonia e finalismo). Trata-se, pois, de uma lógica complexa cujo núcleo indicial e diagramático – entrecruzamento de traços analógicos e digitais – não pontua definições espaciais, antes busca pautar o espaço por operações abertas e nunca conclusivas.

Diz Peirce em "Plano e Degraus de Raciocínio"[14] (dispondo o argumento como o "motivo direto da excelência lógica"), ao analisar o "fim último que guia a argumentação"[15]:

> O que nos salva é haver Terceiridade na experiência, um elemento de Racionalidade que leva a treinar mais e mais a razão para atingi-lo. Sem ele não haveria excelência lógica; não seria preciso esperar até provar que existe uma razão operatória na experiência à qual a nossa se deve conformar[16]. (...)

Após especificar os três tipos de raciocínio – Abdução, Indução, Dedução – afirma Peirce:

14. Charles Sanders Peirce, *Escritos Coligidos, Op. cit.*, p. 50, *Collected Papers*, 5.158 e ss.

15. *Idem*, p. 50. *Collected Papers*, 5.159.

16. *Idem*, p. 50. *Collected Papers*, 5.160.

O raciocínio necessário é diagramático. Construímos um ícone do estado de coisas hipotético e observamos. A observação leva a suspeitar que algo é verdadeiro – fato que talvez não possa ser formulado com precisão – e assim é preciso pesquisar. Torna-se necessário elaborar um plano – o que constitui a parte mais difícil da operação. Não se trata apenas de selecionar certos traços do diagrama, mas é mister voltar por diversas vezes a outros traços. De outro modo, mesmo que as conclusões estejam corretas, não se chega aos objetivos almejados. A técnica toda está em saber utilizar *abstrações* convenientes; uma transformação operada do diagrama pela qual os traços característicos venham a aparecer noutro diagrama como coisas. Um exemplo corriqueiro é quando operamos sobre operações. (...)[17].

Neste breve parágrafo de Peirce, encontra-se, como que enunciada, uma lógica da atividade projetual e/ou da montagem, na perspectiva da "excelência lógica" de seu argumento. Partindo desta perspectiva, detenhamo-nos em algumas das realizações urbanísticas modernas, a fim de procedermos a uma sondagem de certos aspectos do argumento que veiculam ou veicularam.

O intenso esforço sistematizador que caracteriza tais realizações, consciente e/ou compelido pela necessidade tecnológica, aproximou-se, em várias e diferentes tentativas, de uma lógica da montagem.

Opondo-se ao pensamento dogmático e mítico, vindos da tradição medieval e escolástica, o iluminismo – na perspectiva do racionalismo cartesiano (ainda que mecanicista) – abre para sempre uma fenda na realidade positiva das "leis invioláveis" das instituições políticas, econômicas e sobretudo religiosas (que irá aos poucos desembocar na Revolução Francesa).

O recurso metodológico da "dúvida cartesiana" constitui o ponto de confluência do turbilhão cultural advindo das descobertas científicas que têm origem com o Renascimento e que atinge seu apogeu no século XVIII, desdobrando-se no Barroco. É justamente aqui que Fernando C. Goitia em sua "Breve História do Urbanismo" observa a sedimentação da prática urbanística moderna: "Será (...), no século XVIII, que a arte barroca da composição de cidades atingirá todo o seu apogeu. Es-

17. *Idem*, pp. 50-51. *Collected Papers*, 5.162.

te século assistirá à maturação da música e do urbanismo, manifestações finais da grande cultura européia"[18].

Goitia retomando os princípios fundamentais do "urbanismo clássico" considerados por Pierre Lavedan[19] – a linha reta, a perspectiva monumental, o programa – e, alertando-nos para o fato de que "para um francês e em matéria de arquitetura, a palavra clássico equivale a barroco para o resto da Europa", acrescenta:

> Em nosso entender, (...), estes três princípios enunciados por Lavedan podem reduzir-se a um só: a perspectiva ou, se assim se quiser, mais geralmente, o que a perspectiva trouxe consigo: a cidade concebida como *vista*. O barroco, aliás, vai até ao ponto de contemplar o mundo como uma *vista*. Até aí estava-se dentro do mundo, no meio das coisas, mas não se tinha a distância nem a visão em profundidade para que estas coisas se organizassem como uma *vista*, como um panorama[20].

De fato podemos considerar que a ordem sintagmática da cidade medieval perde definitivamente sua coesão, seus nexos sintático-semântico-pragmáticos, sua lógica, sobretudo com o Barroco. Este, inserido entre duas "fases classicistas" (Renascimento e Neoclassicismo), constitui o núcleo transformador que indicia as bases do "urbanismo clássico" (Lavedan). Aí encontra-se a origem da organização do mundo, diga-se urbano, como um panorama abrindo-se em perspectivas; aí expande-se a tendência racionalizante da concepção espacial (o programa); e ainda, este período irá perfazer a passagem de um desenho urbano cuja linguagem caminha de uma articulação interiorizada para outra, exteriorizada. Tais características amplificam-se no decorrer do século XIX, produzindo o eixo das seleções paradigmáticas que a primeira metade deste século reunirá sob nova ordenação (hoje sendo reavaliada).

À Lisboa Antiga cuja fundação mítica recai sobre Ulisses e cuja história remonta ao século VIII a.C., virá sobrepor-se a "Lisboa Moderna", erigida após o terremoto de 1755 sob a égide iluminista de Pombal.

18. Fernando C. Goitia, *Breve História do Urbanismo*, Lisboa, Presença, 1982, p. 135.

19. *Idem*, p. 136.

20. *Idem*, p. 136.

O desenho da "Lisboa Moderna" (pequena parcela da atual cidade) é provavelmente o primeiro exemplo concreto, dado sua abrangência técnico-conceitual, a promover uma idéia de programa e projeto urbanos de características racionalistas modernas.

José Augusto França em seu importante trabalho, "Lisboa Pombalina e o Iluminismo"[21], destaca na reconstrução de Lisboa, a organização e racionalização da produção dos conjuntos arquitetônicos e traçados, com a criação de "peças-tipo" (padronização e uniformidade de composição dos elementos construtivos: estruturais, de vedação, de ornamentação etc.), dando origem aos modernos processos de estandartização e pré-fabricação. "A Lisboa de Pombal", diz J.A. França, "constitui verdadeiramente o fenômeno de urbanismo do século XVIII, situado historicamente numa encruzilhada em que o passado e o futuro se dão as mãos. Ela é ao mesmo tempo a última cidade antiga e a primeira cidade moderna. Última realização de um mundo de esquemas econômicos centenários, ela oferece-nos também o primeiro exemplo de um novo pensamento técnico – e já nela se vislumbram princípios urbanísticos que permanecerão válidos durante duzentos anos, até a primeira metade do século XX".[22] Assim, o "estilo pombalino" configurar-se-á como uma espécie de "proto-neoclassicismo", "simultaneamente abstrato e funcional, idealista e histórico", inspirando-se na "beleza racional"[23].

A França um pouco mais tarde irá confrontar-se com a tarefa (ainda hoje difícil) da renovação urbana a partir do Plano Haussmann para Paris na segunda metade do século XIX. Diz Fernando C. Goitia a respeito da concepção urbanística de Haussmann:

Urbanisticamente falando, Haussmann é um conservador e segue a linha estética do barroco, com seus alinhamentos e grandes perspectivas. Haussmann não traçou nenhuma avenida sem contar com um fundo ar-

21. José Augusto França, *Lisboa Pombalina e o Iluminismo*, Lisboa, Horizonte, 1965.

22. *Idem*, p. 98.

23. *Idem*, cf. pp. 127-129.

quitetônico, com um edifício monumental que terminasse o campo de visão. Teve o talento de aproveitar todos os edifícios singulares de Paris, e de criá-los quando não os havia, como aconteceu com a Ópera, de Garnier. Ao mesmo tempo que embelezava a cidade, abria comunicações vitais numa aglomeração que começara a crescer desmedidamente. Estas vias de comunicação também tinham valor estratégico. Tem-se dito muitas vezes que um dos objetivos de Haussmann era de natureza policial: poder acorrer rapidamente com a respectiva força aos locais onde se produzissem quaisquer motins ou distúrbios.

O Paris do barão Haussmann, com as suas grandes avenidas radiais herdeiras do barroco, com a sua arquitetura estritamente uniformizada, seguindo a estética neoclássica que só nos edifícios singulares podia ser modificada, é o melhor exemplo da opulenta cidade burguesa do século XIX, da Cidade-Luz[24].

A implantação do Plano Haussmann trouxe consigo o complexo conjunto de variáveis a ser incorporado pelo desenho urbano, na "re-edição" de espaços: construir o novo pela nova lógica e ao mesmo tempo conservar e/ou reprocessar as antigas faixas sígnicas, redesenhando-as. Deste modo colocou-se objetivamente, pela primeira vez, a problemática questão da preservação histórico-cultural-urbana incluindo-se aqui a questão ecológica. Outra variável fundamental: o desenho da cidade passa a ser também um desenho do ambiente. Neste, o todo e a parte se simultaneizam, criando aquilo que para Baudrillard

é a autonomização do universo inteiro das práticas e das formas, do quotidiano ao arquitetural, do discursivo ao gestual e ao político, como setor operacional e de cálculo, como emissão/recepção de mensagens, como *espaço/tempo da comunicação*.

E prosseguindo, acrescenta Baudrillard:

A este conceito teórico de "ambiente" corresponde o conceito prático de *design* – que se analisa em última instância como *produção da comunicação* (do homem para com os signos, dos signos entre si, dos homens entre si). É necessário fazer comunicar, isto é, participar, aqui não pela compra de bens materiais, mas sobre o modo informático, pela circulação de signos e de mensagens. É por isso que o ambiente tal como o *mercado* (que é o seu equivalente em economia) é um conceito virtualmente universal. Ele resume concretamente toda a economia política do signo[25].

24. Fernando C. Goitia, *Op. cit*, pp. 150-152.

25. Jean Baudrillard, *Para uma Crítica da Economia Política do Signo*, Lisboa/São Paulo, Edições 70/Martins Fontes, s.d., p. 261.

Em seu conhecido ensaio acerca das transformações urbanísticas parisienses e a modernidade, "Paris, Capital do Século XIX"[26], Walter Benjamin focaliza muitas das características do ambiente urbano desta cidade que já prenunciam esse "estágio em que a mercadoria é imediatamente produzida como signo, como valor/signo, e os signos (a cultura) como mercadoria"[27]. Assim, vão sendo flagrados por Benjamin as extensões e paralelismos econômicos/ideológicos burgueses que presidem as configurações ambientais no imbricamento nascente dos *mass-media*: as galerias com suas estruturas de ferro envidraçadas a apresentar um "mundo em miniatura"; os paronamas (pintura, fotografia, filme) anunciando uma "evolução da arte em direção à técnica" e onde "a cidade é ampliada em paisagem"; as exposições universais (criando o mundo da moda e da publicidade); o refúgio nostálgico que passa a representar os interiores (espaços das "marcas individuais" e do colecionador); o nascimento do romance policial ("que está à caça destas marcas"); o "olhar do estranho" de Baudelaire (que "procura um asilo na multidão" sendo que nesta, "a cidade é ora paisagem, ora loja") e finalmente o Plano Haussmann a encarnar o "reino da burguesia", favorecendo o capital financeiro, a bolsa e as especulações e principalmente encarecendo os aluguéis e explusando o proletariado para os subúrbios.

Esta é a cidade que irá gradativamente problematizando, transfigurando os valores de troca e de uso e inaugurando aquilo que Benjamin chama "fantasmagoria": a fantasmagoria do consumo (a "mercadoria fetiche"), do espaço ("a que se abandona o *flâneur*"), do tempo ("a que se agarra o jogador").

Contudo, se Benjamin assinala ao fim de seu ensaio que a cidade da economia mercantil é também a dos monumentos-ruínas da burguesia, não deixa de observar que "galerias e interiores, saguões de exposição e panora-

26. Walter Benjamin, in: *Teoria da Literatura em suas Fontes, Op. cit.*, pp. 306 e ss.

27. Jean Baudrillard, *Op. cit.*, p. 183.

mas", "são as réplicas de um mundo sonhado" e faz a seguinte consideração:

> A utilização dos elementos oníricos, quando despertamos, é o subterfúgio do pensamento dialético. É por isso que o pensamento dialético é o órgão do despertar histórico. Cada época não se limita a sonhar com a próxima, sonhando ela se esforça em despertar[28].

O plano-piloto de Brasília elaborado por Lúcio Costa representará bem esse "espaço-réplica" do qual fala Benjamin, buscando integrar uma linguagem de alta racionalização forma-função com uma utopia social restauradora, (cujo uso deveria atualizar), neste caso criando-se uma cidade inteiramente nova. Dois eixos se cruzam ortogonalmente: leste-oeste (eixo monumental) onde se organiza a sede institucional do país (com os edifícios de Oscar Niemeyer) e o norte-sul onde se organizam os blocos residenciais dotados de serviços e comércio, as superquadras. Eliminando os cruzamentos de traçados, sob a influência de Le Corbusier, este desenho busca estabilizar o espaço urbano – enquanto espaço de operações de circulação – sobretudo através do sistema viário (saneado, oxigenado).

O pensamento-escritura plasmado pelo desenho do plano de Brasília pretendeu, no entanto, não apenas maximizar a funcionalidade referencial urbana. Como bem observa Umberto Eco:

> Nascida em circunstâncias excepcionalmente favoráveis para a projetação arquitetônica, isto é, por decisão política, do nada, sem estar submetida a determinações de qualquer natureza, Brasília pôde ser concebida como a cidade que devia instituir um novo sistema de vida e constituir, ao mesmo tempo, uma mensagem conotativa complexa, capaz de comunicar ideais de vida democrática, de pioneirismo em direção ao interior de um país inexplorado, de auto-identificação triunfal de um país jovem, ainda em busca de uma fisionomia própria.
>
> Brasília devia tornar-se uma cidade de iguais, a cidade do futuro[29].

Contudo o circuito forma/função/uso caracterizou-se em Brasília pela distonia entre a "razão funcionalista" de base e a ideologia socializante que lhe deveria

28. Walter Benjamin, *Op. cit.*, p. 315.
29. Umberto Eco, *A Estrutura Ausente*, *Op. cit.*, p. 244.

corresponder. O contexto urbano assim produzido não conseguiu (até o presente) superar a divisão esquizóide de sua comunicação, configurando uma Terceiridade que tende, por vezes, ao monológico, incidindo em distanciamentos e suspensões, obliterando a função fática de linguagem. Não se trata, porém, de uma consumação (como querem alguns). Se os signos arquetípicos[30] reprocessados (sua intersignicidade), aliados à organização racionalista de sua mensagem, não foram suficientes para propiciar à Brasília o desenvolvimento de sua estrutura profunda (que de resto parece ser a luta do próprio país) é necessário lembrar ainda uma vez: a cidade é recente e se sua linguagem não pôde modificar as circunstâncias, também não neutralizou aqueles efeitos do "movimento do espírito e do intelecto" que visam "tornar coerentes a insatisfação e a intenção"[31].

O desenho urbano produto da modernidade tem se configurado, talvez, na instância mais visível do descompasso de uma sociedade que, à sua complexidade crescente, a política responde contrapondo idéias redutivas e simplificadoras como observa Edgar Morin[32]. A lógica da montagem e do argumento urbanos são tributários de uma razão complexa cuja dificuldade operatória central está no fato de esta razão não possuir centro algum.

Retomando a questão das implicações iluminismo/razão e paralelamente perquirindo a suposta instância de confronto modernidade *x* pós-modernidade, bem como supondo a emergência de um novo iluminismo, Sérgio Paulo Rouanet (tomando o termo iluminismo "para designar uma tendência intelectual, não limitada a qualquer época específica, que combate o mito e o poder, a partir da razão"[33]), afirma: "A razão do novo Iluminismo não

30. Cf. Umberto Eco, *Op. cit.*, p. 244 e Décio Pignatari, *Semiótica da Arte e da Arquitetura, Op. cit.*, pp. 119-122.

31. Cf. Riccardo Campa, *A Reta e a Curva*, São Paulo, Max Limonad, 1986, p. 115.

32. Cf. Edgar Morin, *Para Sair do Século XX*, Rio de Janeiro, Nova Fronteira, 1986, p. 154.

33. Sérgio Paulo Rouanet, *As Razões do Iluminismo*, São Paulo, Companhia das Letras, 1987, p. 28.

pode mais ser a do século XVIII, que desconhecia os limites internos e externos da racionalidade e não sabia distinguir entre razão e ideologia". Para Rouanet a "nova razão" deve ser "capaz de crítica e autocrítica, apta a devassar em suas verdadeiras estruturas as leis e instituições, armada para desmascarar os discursos pretensamente racionais e consciente de sua vulnerabilidade ao irracional"[34].

A nova emergência desta "tendência trans-epocal, que cruza transversalmente a história"[35], ainda de acordo com Rouanet, deve constituir um processo que permita "o trânsito de uma normatividade heterônoma para uma normatividade autônoma"[36].

Curiosamente da fundação/reconstrução de Lisboa às transformações de Paris e à construção de Brasília, assistimos a um percurso urbanístico paradoxal, racionalista e mítico a um só tempo: da fundação mítica (Lisboa) ao mito da fundação (Brasília)[37].

Se a incidência racionalista parece ser a confirmação de uma teleonomia projetual, dotada de caracteres autônomos cujo desenvolvimento deve ser capaz de vencer o obstáculo representado pela "normatividade heterônoma" que se lhe opõe, a persistência do mito parace flagrar como certo o incerto (na perspectiva barthesiana do mito como metalinguagem). Aqui a "excelência lógica" do argumento urbano não pode continuar evitando operar com um referente cuja matéria-prima é a própria linguagem (e sua potencialidade de autonomia),

34. *Idem*, p. 31.

35. *Idem*, p. 28.

36. *Idem*, cf. p. 33.

37. Lembremos a título de referência que o local de implantação bem como a construção de Brasília já teriam sido "tocados pelo mito" antes de sua realização, através de Dom João Bosco, educador católico italiano, que em viagem pelo Brasil, na segunda metade do século XIX, teria previsto ambos: local e construção. Cf. Yi-fu Tuan, *Topofilia*, São Paulo/Rio de Janeiro, Difel, 1980, p. 197. Ainda a título de referência, com relação à fundação de Lisboa, lembremos a análise de Jakobson acerca do poema "Ulysses" de Fernando Pessoa. Cf. Roman Jakobson, *Lingüística . Poética. Cinema*, São Paulo, Perspectiva, 1970, pp. 93 e ss.

com a qual travamos diálogo na experiência do cotidiano: operar sobre operações (a normatividade pós-moderna?).

4.3. *O Lugar do Centro*

O desenho urbano é sempre redesenho (arqui-ícone): das organizações "inteiramente" novas (que só podem configurar-se mediante faixas de redundância), às renovações parcelares e destas à proteção e manutenção do "patrimônio cultural" (que comporta critérios eletivos e graus de intervenção variáveis). Há pois neste desenho aquela interdependência e mútua-interferência passado/presente/futuro que implicando revisões e incertezas abriga a "regressão na progressão" e a "progressão da regressão" da qual fala Edgar Morin[38]. Aliás, para Morin, a evolução

> não obedece nem a leis nem a um determinismo preponderante (...) não é nem mecânica nem linear. Não há fator dominante permanente que comande a evolução. O futuro seria, com efeito, muito fácil de predizer se a evolução dependesse de um fator predominante e de uma causalidade linear. Precisamos, ao contrário, partir da inépcia de toda predição baseada num conceito evolutivo tão simplista. A realidade social é multidimensional: comporta fatores demográficos, econômicos, técnicos, políticos, ideológicos... Alguns deles podem predominar, em certo momento, mas há rotatividade da dominante. A dialética não anda nem sempre sobre os pés nem na cabeça; ela gira porque, antes de tudo, é jogo de inter-reações, isto é, circuito em perpétuo movimento.
>
> Isso também significa que tudo o que é evolutivo obedece a um princípio policausal. A causalidade é uma policausalidade em que só as inter-retroações se entrecombinam e se entrecombatem, mas também todo o processo autônomo produz sua causalidade própria enquanto sofre as determinações externas, isto é, comporta uma autocausalidade complexa[39].

O presente urbano, quer dizer, a atualização cotidiana do código urbano, abarca pois uma contínua revisão das faixas sígnicas que constituíram os códigos passados bem como uma prospecção das novas faixas emergentes que apontam para os códigos futuros. Esta

38. Cf. Edgar Morin, *Op. cit.*, pp. 307 e ss.
39. *Idem*, p. 311.

atualização multidimensional e policausal encontra sua concretude na mobilidade dialética desse "presente-interdependência", cujo desenho entrelaça o passado e o futuro e onde qualquer dominante é apenas provisoriamente dominante. Tal dialética expressa e é expressada pela linguagem (sempre se refazendo) desse desenho. Linguagem esta que é o lugar da simultaneidade policêntrica, aquela das semelhanças na diferença, cuja "lógica oximoresca", para falar como Haroldo de Campos, possibilita "a coexistência e a correlação dos opostos"[40].

Na realidade código e mensagem (função metassígnica/função poética) aparecem elididos na contextualidade ambiental-urbana (função referencial), sendo que a funcionalidade da última depende da funcionalidade dos primeiros, o que significa dizer que intervém aqui, a materialidade sígnica da linguagem na produção contextual. A contextualidade ambiental-urbana tende, no limite, a confundir-se com o fluxo código/mensagem que, ao corporificá-la, constela os índices de uma poética: materialidade sígnica, auto-reflexividade, policentrismo, ausência de finalismo e princípios de autonomia.

A poética tem sido tradicionalmente concebida, desde Aristóteles, em correlação direta com os problemas da estrutura verbal – no meio do caminho entre a filosofia e a história[41] – na incidência da poesia, no estabelecimento e classificação de seus constituintes; nos modos de articulação (modelos) do discurso literário etc.

Ampliando esta concepção tradicional despindo-a das camadas logocêntricas e ontológicas que aos poucos a recobriram e ao mesmo tempo antecipando uma visão da questão tradutória intersemiótica concernente à poética, diz Jakobson:

(...). É evidente que muitos dos procedimentos estudados pela Poética não se confinam à arte verbal. Podemos reportar-nos à possibilidade de

40. Cf. Haroldo de Campos, *Ideograma/Lógica, Poesia, Linguagem*, São Paulo, Cultrix/Edusp, 1977, p. 79.

41. Cf. Dionísio de Oliveira Toledo, *Teoria da Literatura/Formalistas Russos, Op. cit.*, p. 274.

converter *O Morro dos Ventos Uivantes* em filme, as lendas medievais em afrescos e miniaturas, ou *L'après-midi d'un faune* em música, balé, ou arte gráfica. Por mais irrisória que possa parecer a idéia da *Ilíada* e da *Odisséia* transformadas em histórias em quadrinhos, certos traços estruturais de seu enredo são preservados, malgrado o desaparecimento de sua configuração verbal. O fato de discutir-se se as ilustrações de Blake para a *Divina Commedia* são ou não adequadas, é prova de que as diferentes artes são comparáveis. Os problemas do barroco ou de qualquer outro estilo histórico desbordam do quadro de uma única arte. Ao haver-nos com a metáfora surrealista, dificilmente poderíamos deixar de parte os quadros de Max Ernst ou os filmes de Luís Buñuel, *O Cão Andaluz* e *A Idade de Ouro*. Em suma, numerosos traços poéticos pertencem não apenas à ciência da linguagem, mas a toda a teoria dos signos, vale dizer, à Semiótica geral. Esta afirmativa, contudo, é válida tanto para a arte verbal como para todas as variedades de linguagem, de vez que a linguagem compartilha muitas propriedades com alguns outros sistemas de signos ou mesmo com todos eles (traços pansemióticos)[42].

De modo semelhante e anterior a Jakobson, Paul Valéry compreende o termo Poética,

de acordo com a sua etimologia, vale dizer, como nome de tudo quanto diga respeito à criação ou à composição de obras cuja linguagem seja, a um só tempo, a substância e o meio – e não no sentido restrito de coleção de regras ou de preceitos estéticos referentes à poesia[43].

Cabe lembrar, com Todorov, que o campo de "domínio" da Poética, para Bahktin, é o campo de desdobramento do dialógico e/ou polifônico[44].

De volta à questão: a probabilidade de uma poética do desenho urbano está no advento da escritura que perfaz, na lógica da montagem que lhe dá corpo, no jogo de reunião e dispersão das faixas sígnicas em interação dialógica. Os traços pansemióticos, que se desprendem desta interação, são os responsáveis pela cambiância que traduz continuamente uma configuração ambiental em outra ("ana[urbo]gramatização"), mal se consolidam as conexões que lhe dão sentido. Se por um lado estes traços possibilitam tais conexões, por outro constituem uma espécie de negação destas mesmas conexões, num

42. Roman Jakobson, *Lingüística e Comunicação*, *Op. cit.*, p. 119.

43. *Apud* Tzvetan Todorov, *Estruturalismo e Poética*, São Paulo, Cultrix, 1974, p. 16.

44. Cf. Tzvetan Todorov, *Op. cit.*, p. 109.

contínuo desviar-se da abstração referencial para a concreção sígnica, expondo, assim, o caráter fortemente significante do desenho urbano. Não é outra a perspectiva de Barthes em seu artigo "Semiologia e Urbanismo"[45] ao dizer que: "os significados são como seres míticos, extremamente hábeis, que sempre, em determinado momento, têm papel de significantes de outra coisa: os significados acabam, os significantes permanecem". E desdobrando este pensamento observa:

> A caça ao significado não pode ser, portanto, senão um processo provisório. A tarefa do significado, se se conseguir alcançá-lo, é só a de dar uma espécie de testemunho sobre um estado definido da distribuição significante. Além disso, devemos observar que se atribui uma importância cada vez maior ao significado vazio, ao lugar vazio do significado. Em outras palavras, os elementos são sempre mais compreendidos como significantes por sua posição correlativa do que por seu conteúdo. Tóquio, por exemplo, do ponto de vista semântico, que é um dos complexos urbanísticos mais entusiasmantes, possui, efetivamente, uma espécie de centro. Mas esse centro, ocupado pelo palácio imperial, por sua vez rodeado por uma fossa profunda, escondido no verde, é vivido como um centro vazio.

Centro este que:

> não é o ponto culminante de alguma atividade particular, mas uma espécie de "fogo" vazio da imagem que a coletividade faz do centro[46].

A poética urbana move-se por entre as tangências nunca consumadas (completa superposição), entre pensamento e linguagem e sua respectiva historicidade. Espécie de razão autônoma e pragmática (a lógica da abdução)[47] operando as contradições do significado (razão e mito), perpassa o presente no acontecer instantâneo, vale dizer icônico, do cotidiano urbano, não passível de registro à semelhança de uma epifania; resgata o passado delineando os contornos "dominantes e externos" da atividade projeto-construtiva, parecendo confirmar a tese

45. Roland Barthes, "Semiologia e Urbanismo", in: *Estudos Ambientais* 1, São Paulo, FAUUSP, 1971, p. 17.

46. *Idem*, p. 17.

47. Cf. Charles Sanders Peirce, *Escritos Coligidos, Op. cit.*, pp. 62 e ss. *Collected Papers*, 5.195 e ss.

benjaminiana – acerca da filosofia da história – de que "não há documento da cultura que não seja ao mesmo tempo um documento da barbárie"[48]; e, indicia o futuro no modo de um incerto fio de prumo sempre migrante, "solitário e a caminho", talvez, como o Meridiano de Paul Celan[49].

O desenho urbano tende, pois, a um projeto paradigmático, à instauração de um lugar de aprendizagem (arquivo e laboratório da linguagem) – pulsação visível do pensamento, intercampo de sentimentos e inscrições, de invasão da forma (atualizações singulares de múltiplas e mutáveis tessituras de traços de qualidades possíveis) e evasão do sentido (do sentido enquanto finalismo, onde a supremacia da função referencial de linguagem tende a provocar ou mesmo impor um grau máximo de contigüidade no pólo da contigüidade). E, se intervêm fenômenos relativamente autônomos em seu perfazer, então como diz, ainda uma vez Morin,

> as cadeias conceituais podem fechar-se para conceber essa autonomia, embora conservando a janela aberta, isto é, sabendo que a autonomia do sistema considerado depende de suas comunicações e de seus intercâmbios exteriores, e, no horizonte, depende da intersolidariedade do universo[50].

Do qualissigno ao argumento – arte, ciência, ideologia – a escritura urbana encontra na materialidade sensível dos signos, que a enformam e informam, sua mensagem fundamental: os índices provisórios e regenerativos de sua invenção.

48. Walter Benjamin, "Teses sobre Filosofia da História", in: *Walter Benjamin/Sociologia*, São Paulo, Ática, 1985, p. 157.

49. Cf. Paul Celan, "O Meridiano", *Revista Polímica* 2, São Paulo, Moraes, 1980, pp. 57 e ss.

50. Edgar Morin, *Op. cit.*, p. 127.

FONTE DAS ILUSTRAÇÕES

1. BANHAM, Reyner. *Megaestructuras/Futuro Urbano del Pasado Reciente*. Barcelona, Gustavo Gili, 1978, p. 197 (ilustração 211).
2. NASH, J. M. *O Cubismo, O Futurismo e O Construtivismo*. Barcelona, Labor do Brasil S.A., 1976 (ilustração 62/Bush Reisinger Museum, Universidade de Harvard).
3. CORREDOR-MATHEOS, José e MIRACLE, Daniel Giralt. *A Pintura no Século XX*. Rio de Janeiro, Salvat, 1981, p. 116.
4. NASH, J. M. *Op. cit.* (ilustração 60/Tretyakov Gallery, Moscou).
5. Coleção Gênios da Pintura, nº 55. São Paulo, Abril Cultural, 1980 (ilustração XIII/Museu de Arte, Filadélfia).
6. *Idem*, (ilustração XIV/Instituto de Arte, Chicago).
7. MAÑÁ, Jordi. *O Design Industrial*. Rio de Janeiro, Salvat, 1980, p. 54.
8. PEVSNER, Nikolaus. *Origens da Arquitetura Moderna e do Design*. São Paulo, Martins Fontes, 1981, p. 187 (ilustração 188).
9. VICENS, Frances. *Arte Abstrata e Arte Figurativa*. Rio de Janeiro, Salvat, 1979, p. 86.
10. BENEVOLO, Leonardo e outros. *Projectar a Cidade Moderna*. Lisboa, Presença, 1980, pp. 56-57 (Fonte: S. O. Chan-Magomedov, M. Ginzburg, Milão, 1975).
11. BOESIGER, Willy. *Le Corbusier*. Barcelona, Gustavo Gili, 1980, p. 46.
12. *Idem*, p. 46.
13. *Idem*, p. 229.
14. *Idem*, pp. 20-21.

15. BENEVOLO, Leonardo e outros. *Op. cit.*, p. 50 (Fonte: Le Corbusier, *La Ville Radieuse*, Paris, 1933).
16. *Idem*, p. 50.
17. *Idem*, p. 106 (Fonte: Le Corbusier, *L'Urbanistica dei Tre Insediamenti Umani*, Milão, 1961).
18. *Idem*, p. 106 (Fonte: Le Corbusier, *Oeuvre Complète*, 8 vs., Zurique, 1937/70).
19. Bauhaus, *Catálogo de Exposição*. República Federal da Alemanha, Stuttgart, 1974, p. 60.
20. BENEVOLO, Leonardo e outros. *Op. cit.*, p. 155 (Fonte: *Costruzioni – Casabella*, nº 163, Milão, 1941/S. Chermayeff-C. Alexander, *Spazio di Relazione e Spazio Privato*, Milão, 1968).
21. SPAETH, David. *Mies van der Rohe*. Barcelona, Gustavo Gili, 1986, p. 123 (ilustração 141/Fonte: Hedrich Blessing Photographers).
22. *Idem*, p. 172 (ilustração 209/Fonte: Balthazar Korab).
23. *Idem*, p. 177 (ilustração 212/Fonte: Hedrich Blessing Photographers).
24. Bauhaus. *Op. cit.*, p. 157.
25. WILSON, Simon. *A Arte Pop*. Barcelona, Labor do Brasil S.A., 1975 (ilustração 4/Museu de Arte de Pasadena, Pasadena, Califórnia).
26. CORREDOR-MATHEOS, José e MIRACLE, Daniel Giralt. *Op. cit.*, p. 138.
27. VICENS, Frances. *Op. cit.*, p. 128.
28. WILSON, Simon. *Op. cit.* (ilustração 7/Coleção Ludwig, Galerie Neue, Aachen).
29. *Idem* (ilustração 42/Marlborough Graphics, Londres).
30. LIPPARD, Lucy R. *Pop Art*. London, Thames and Hudson, 1985, p. 42 (Collection E. J. Powers, London).
31. WILSON, Simon. *Op. cit.* (ilustração 31/Coleção Edwin Janss Jr., Thousands Oaks, Califórnia).
32. *Idem* (ilustração 2/Coleção Dr. Giuseppe Panzadi Blumo, Milão).
33. BANHAM, Reyner. *Op. cit.*, p. 92 (ilustração 92/Fonte: Archigram Architects).
34. COOK, Peter. *Planeamiento y Acción*. Buenos Aires, Nueva Visión, 1971, p. 38.
35. BANHAM, Reyner. *Op. cit.*, pp. 86-87 (ilustrações 85, 86, 87 e 88/Fonte: Cedric Price).
36. *Idem*, p. 85 (ilustração 84/Fonte: Archigram Architects).
37. COOK, Peter. *Op. cit.*, p. 81.
38. BANHAM, Reyner. *Op. cit.*, pp. 95-97 (ilustrações 95, 96 e 97/Fonte: Archigram Architects).
39. COOK, Peter. *Op. cit.*, pp. 46, 58 e 66.
40. JENCKS, C. & BAIARD, G. *El Significado en Arquitectura*. Madrid, H. Blume, 1975, pp. 123-125.
41. JENCKS, C. *El Languaje de La Arquitectura Posmoderna*. Barcelona, Gustavo Gili, 1984, p. 131 (ilustração 246).

42. VENTURI, Robert e outros. *Aprendiendo de Las Vegas*. Barcelona, Gustavo Gili, 1978.

43. PORTOGHESI, Paolo. *Depois da Arquitetura Moderna*. São Paulo, Martins Fontes, 1985, p. 84 (ilustração 24).

44. JENCKS, C. *El Languaje de La Arquitectura Posmoderna*. *Op. cit.*, p. 154 (ilustração 297/Fonte: Venturi, Rausch e Scott-Brown).

45. *Idem*, p. 114 (ilustração 206).

46. *Idem*, p. 89 (ilustração 151).

47. *Idem*, p. 84 (ilustração 138).

48. *Idem*, p. 30 (ilustração 45/Fonte: Bernard Vincent).

49. *Idem*, p. 148 (ilustração 282/Fonte: U.I.C.).

50. *Idem*, p. 149 (ilustração 284/Fonte: Ricardo Bofill-Taller de Arquitectura).

51. *Idem*, p. 149 (ilustração 285/Fonte: Ricardo Bofill-Taller de Arquitectura).

BIBLIOGRAFIA

ADORNO, Theodor W. *Teoria Estética*. Trad. Artur Morão. Lisboa/São Paulo, Edições 70/Martins Fontes, 1982.

———. & HORKHEIMER, Max. *Conceito de Iluminismo*. Trad. Zeljko Loparić, Andréa Maria A. C. Loparić. São Paulo, Abril Cultural/Os Pensadores, 1980.

ALEXANDER, Christopher. *Ensayo Sobre la Síntesis de la Forma*. Trad. Enrique L. Revol. Buenos Aires, Infinito, 1971.

ARISTÓTELES. *Poética*. Trad. Eudoro de Souza. São Paulo, Abril Cultural/Os Pensadores, 1979.

BACHELARD, Gaston. *A Poética do Espaço*. Trad. Antônio da Costa Leal, Lídia do Valle Santos Leal. Rio de Janeiro, Eldorado Tijuca, s.d.

BACON, Edmund N. *Design of Cities*. London, Thames and Hudson, 1974.

BADIOU, Alain. *Sobre o Conceito de Modelo*. Trad. Fernando Bello Pinheiro. Lisboa, Estampa, 1972.

BAKHTIN, Mikhail. *A Cultura Popular na Idade Média e no Renascimento: O Contexto de François Rabelais*. Trad. Yara Frateschi Vieira. São Paulo, Hucitec/Universidade de Brasília, 1987.

———. (e/ou VOLOSHÍNOV, V. N.) *Marxismo e Filosofia da Linguagem*. Trad. Michel Lahud, Yara Frateschi Vieira, São Paulo, Hucitec, 1979.

BANHAM, Reyner. *Megaestructuras/Futuro Urbano del Pasado Reciente*. Trad. Ramón Font. Barcelona, Gustavo Gili, 1978.

———. *Teoria e Projeto na Primeira Era da Máquina*. Trad. A. M. Goldberger Coelho. São Paulo, Perspectiva, 1975.

BARTHES, Roland. *Mitologias*. Trad. Rita Buongermino, Pedro de Souza. Rio de Janeiro, Difel, 1978.

———. *Novos Ensaios Críticos/O Grau Zero da Escritura*. Trad. Heloysa de Lima Dantas, Anna Arnichand, Álvaro Lorencini. São Paulo, Cultrix, 1974.

———. *Semiologia e Urbanismo*. Trad. Lúcio Grinover. São Paulo, FAUUSP/Estudos Ambientais 1, 1971.

BAUDRILLARD, Jean. *À Sombra das Maiorias Silenciosas/O Fim do Social e o Surgimento das Massas*. Trad. Suely Bastos. São Paulo, Brasiliense, 1985.

———. *O Sistema dos Objetos*. Trad. Zulmira Ribeiro Tavares. São Paulo, Perspectiva, 1973.

———. *Para Uma Crítica da Economia Política do Signo*. Trad. Aníbal Alves. Lisboa/São Paulo, Edições 70/Martins Fontes, s. d.

BENEVOLO, Leonardo. *As Origens da Urbanística Moderna*. Trad. Conceição Jardim, Eduardo L. Nogueira. Lisboa, Presença, 1981.

———. *História da Cidade*. Trad. Sílvia Mazza. São Paulo, Perspectiva, 1983.

BENJAMIN, Walter. *A Modernidade e os Modernos*. Trad. Heindrun K. M. Silva, Arlete de Brito, Tania Jatobá. Rio de Janeiro, Tempo Brasileiro, 1975.

———. "A Tarefa do Tradutor". Trad. Fernando Camacho. *Revista Humboldt*, nº 40, Munique, 1979.

———. *Documentos de Cultura, Documentos de Barbárie/Escritos Escolhidos*. Org. Willi Bolle. São Paulo, Cultrix/EDUSP, 1986.

———. *Obras Escolhidas/Magia e Técnica, Arte e Política*. Trad. Sérgio Paulo Rouanet. São Paulo, Brasiliense, 1985.

———. *Obras Escolhidas* II/*Rua de Mão Única*. Trad. Rubens Rodrigues Torres Filho, José Carlos Martins Barbosa. São Paulo, Brasiliense, 1987.

———. *Sociologia*. Org. Flávio R. Kothe. São Paulo, Ática, 1985.

BENSE, Max. *Pequena Estética*. Org. Haroldo de Campos. São Paulo, Perspectiva, 1975.

BORNHEIN, Gerd A. *Dialética. Teoria, Práxis*. Porto Alegre/São Paulo, Globo/EDUSP, 1977.

CAMPOS, Haroldo de. *A Arte no Horizonte do Provável*. São Paulo, Perspectiva, 1977.

———. *Ideograma/Lógica. Poesia. Linguagem*. São Paulo, Cultrix, 1977.

———. *Metalinguagem*. São Paulo, Cultrix, 1976.

———. & CAMPOS, Augusto de & PIGNATARI, Décio. *Teoria da Poesia Concreta*. São Paulo, Duas Cidades, 1975.

CASSIRER, Ernst. *Linguagem e Mito*. Trad. J. Guinsburg, Miriam Schnaiderman. São Paulo, Perspectiva, 1985.

CELAN, Paul. "O Meridiano". Trad. Flávio R. Kothe. *Polímica* 2, São Paulo, Moraes, 1980.

CHOAY, Françoise. *A Regra e o Modelo*. Trad. Geraldo Gerson de Sousa. São Paulo, Perspectiva, 1985.

———. *O Urbanismo/Utopias e Realidades*. Trad. Dafne Nascimento Rodrigues. São Paulo, Perspectiva, 1979.

COOK, Peter. *Arquitectura: Planeamiento y Acción*. Trad. Enrique Revol, Buenos Aires, Nueva Visión, 1971.

CORBUSIER, Le (C.E.J.) *Os Três Estabelecimentos Humanos*. Trad. Dora Maria de Aguiar Whitaker. São Paulo, Perspectiva, 1976.

———. *Planejamento Urbano*. Trad. Geraldo Gerson de Souza. São Paulo, Perspectiva, 1971.

COULANGES, Fustel de. *A Cidade Antiga*. Trad. Jonas Camargo Leite, Eduardo Fonseca. São Paulo, Hemus, 1975.

DELEUZE, Gilles. *Lógica do Sentido*. Trad. Luiz Roberto Salinas Fortes, São Paulo, Perspectiva, 1974.

DERRIDA, Jacques. *A Escritura e a Diferença*. Trad. Maria Beatriz Marques Nizza da Silva. São Paulo, Perspectiva, 1971.

———. *Gramatologia*. Trad. Miriam Schnaiderman, Renato Janine Ribeiro. São Paulo, Perspectiva, 1973.

DESCARTES, René. *Discurso do Método*. Trad. J. Guinsburg, Bento Prado Júnior. São Paulo, Abril Cultural/Os Pensadores, 1979.

ECO, Umberto. *A Estrutura Ausente*. Trad. Pérola de Carvalho. São Paulo, Perspectiva, 1974.

———. *Obra Aberta*. Trad. Giovanni Cutolo. São Paulo, Perspectiva, 1968.

———. *Tratado Geral de Semiótica*. Trad. Antônio de Pádua Danesi, Gilberto C. C. de Souza. São Paulo, Perspectiva, 1980.

FERRARA, Lucrécia D'Aléssio. *A Estratégia dos Signos*. São Paulo, Perspectiva, 1981.

———. "Design/Re-sign". *Através* 1. São Paulo, Martins Fontes, 1983.

———. "Poluição Visual e Leitura do Ambiente Urbano". *Através* 1. São Paulo, Duas Cidades, 1977.

FOUCAULT, Michel. *As Palavras e as Coisas*. Trad. Salma Tannus Muchail. São Paulo, Martins Fontes, 1981.

FRANÇA, José Augusto. *Lisboa Pombalina e o Iluminismo*. Trad. Fernanda França. Lisboa, Horizonte, 1981.

GOITIA, Fernando C. *Breve História do Urbanismo*. Trad. Emílio Campos Lima. Lisboa, Presença, 1982.

GROPIUS, Walter. *Bauhaus/Novarquitetura*. Trad. J. Guinsburg, Ingrid Dormien. São Paulo, Perspectiva, 1976.

HUYSSEN, Andreas. "Mapping the Postmodern". *New Germain Critique* nº 33, University of Wisconsin, Milwaukee, 1985.

JAKOBSON, Roman. *Lingüística e Comunicação*. Trad. Izidoro Blikstein, José Paulo Paes. São Paulo, Cultrix, 1975.

————. *Lingüística. Poética. Cinema*. Org. Haroldo de Campos, Boris Schnaiderman. São Paulo, Perspectiva, 1970.

JENCKS, Charles. *El Languaje de la Arquitectura Posmoderna*. Trad. Ricardo Pérdigo Nárdiz, Antonia Kerrigan Gurevitch. Barcelona, Gustavo Gili, 1984.

————. *Modern Movements in Architecture*. New York, Anchor Books, 1973.

KUHN, Thomas S. *A Estrutura das Revoluções Científicas*. Trad. Beatriz Vianna Boeira, Nelson Boeira. São Paulo, Perspectiva, 1982.

LABORIT, Henri. *O Homem e a Cidade*. Trad. Wanda Ramos. Lisboa, Iniciativas Editoriais, 1973.

LANGER, Susanne K. *Sentimento e Forma*. Trad. Ana M. Goldberger Coelho, J. Guinsburg. São Paulo, Perspectiva, 1980.

LEFEBVRE, Henri. *O Direito à Cidade*. Trad. J. C. Netto. São Paulo, Documentos, 1969.

LÉVI-STRAUSS, Claude. *Antropologia Estrutural Dois*. Trad. Maria do Carmo Pandolfo e outros. Rio de Janeiro, Tempo Brasileiro, 1976.

————. *Mito e Significado*. Trad. Antonio Marques Bessa. Lisboa, Edições 70, 1985.

LIMA, Luiz Costa. *Mímesis e Modernidade/Formas das Sombras*. Rio de Janeiro, Graal, 1980.

LIPPARD, Lucy R. *Pop Art*. London, Thames and Hudson, 1985.

LISSITZKY, Eliezer M. *Russia: An Architecture for World Revolution*. Trad. Eric Dluhosch. Cambridge, M. I. T. Press, 1970.

LYNCH, Kevin. *De qué Tiempo es este Lugar?* Trad. Justo G. Beramendi. Barcelona, Gustavo Gili, 1975.

————. *La Imagem de la Ciudad*. Trad. Enrique L. Revol. Buenos Aires, Infinito, 1976.

LYOTARD, Jean François. *O Pós-Moderno*. Trad. Ricardo Corrêa Barbosa. Rio de Janeiro, José Olympio, 1986.

MCLUHAN, Marshall. *Os Meios de Comunicação como Extensões do Homem*. Trad. Décio Pignatari. São Paulo, Cultrix, 1974.

————. & PARKER, H. *O Espaço na Poesia e na Pintura*. Trad. Edson Bini, Márcio Pugliesi, Norberto de Paula Lima. São Paulo, Hemus, 1975.

MOLES, Abraham. *Teoria da Informação e Percepção Estética*. Trad. Helena Parente Cunha. Brasília/Rio de Janeiro, Universidade de Brasília/Tempo Brasileiro, 1978.

MONOD, Jacques. *O Acaso e a Necessidade*. Trad. Bruno Palma, Pedro Paulo de Sena Madureira. Petrópolis, Vozes, 1971.

MORIN, Edgar. *Cultura de Massas no Século XX/O Espírito do Tempo – 2* vs. Trad. Maura Ribeiro Sardinha (v. 1), Agenor Soares Santos (v. 2). Rio de Janeiro, Forense-Universitária, 1977.

————. *O Enigma do Homem*. Trad. Fernando de Castro Ferro. Rio de Janeiro, Zahar, 1975.

————. *Para Sair do Século XX*. Trad. Vera Azambuja Harvey. Rio de Janeiro, Nova Fronteira, 1986.

MUKAROVSKY, Jan. *Escritos de Estética y Semiótica del Arte*. Trad. Anna Anthony Visová. Barcelona, Gustavo Gili, 1977.

MUTAÑOLA THORNBERG, Josep. *La Arquitectura como Lugar*. Barcelona, Gustavo Gili, 1974.

PAZ, Octavio. *El Arco y la Lira*. México, Fondo de Cultura Económica, 1973.

————. *Signos em Rotação*. Trad. Sebastião Uchoa Leite. São Paulo, Perspectiva, 1976.

PEIRCE, Charles Sanders. *Collected Papers*/8 vs. Cambridge, Massachusetts, Harvard Press, 1965/67.

————. *Escritos Coligidos*. Trad. Armando Mora D'Oliveira e Sergio Pomerangblum. São Paulo, Abril Cultural/Os Pensadores, 1974.

————. *Semiótica*. Trad. J. T. Coelho Neto. São Paulo, Perspectiva, 1977.

————. *Semiótica e Filosofia*. Trad. Octanny Silveira da Mota, Leonidas Hegenberg. São Paulo, Cultrix, 1975.

PIGNATARI, Décio. "A Ilusão da Contigüidade". *Através* 1. São Paulo, Duas Cidades, 1977.

————. *Comunicação Poética*. São Paulo, Cortez & Moraes, 1977.

————. *Contracomunicação*. São Paulo, Perspectiva, 1971.

————. *Informação. Linguagem. Comunicação*. São Paulo, Perspectiva, 1971.

————. *Semiótica da Arte e da Arquitetura*. São Paulo, Cultrix, 1981.

————. "Semiótica da Montagem". *Através* 1. São Paulo, Martins Fontes, 1983.

————. *Semiótica e Literatura*. São Paulo, Perspectiva, 1974.

POMORSKA, Krystyna. *Formalismo e Futurismo*. Trad. Sebastião Uchoa Leite. São Paulo, Perspectiva, 1972.

PORTOGHESI, Paolo. *Depois da Arquitetura Moderna*. Trad. Maria Cristina Tavares Afonso. Lisboa/São Paulo, Edições 70/Martins Fontes, 1985.

RICHARDS, I. A. & OGDEN, C. K. *O Significado de Significado*. Trad. Álvaro Cabral. Rio de Janeiro, Zahar, 1976.

ROUANET, Sérgio Paulo. *As Razões do Iluminismo*. São Paulo, Companhia das Letras, 1987.

SANTAELLA BRAGA, Maria Lúcia. "Dialogismo". *Revista Cruzeiro Semiótico*, nº 2. Porto, Associação Portuguesa de Semiótica, 1985.

————. "Outr(a)idade do Mundo". *Jornal Folha de São Paulo/Folhetim*, 12.10.1986.

———. *Produção de Linguagem e Ideologia*. São Paulo, Cortez, 1980.
TODOROV, Tzvetan. *Estruturalismo e Poética*. Trad. José Paulo Paes. São Paulo, Cultrix, 1974.
VÁRIOS. *Comunicacion 19/Constructivismo*. Trad. F. Fernández Buey. Madrid, Alberto Corazon, 1973.
———. *La Carta de Atenas/El Urbanismo de los CIAM*. Trad. Delfina G. de Williams. Buenos Aires, Editorial Contémpora, 1957.
———. *Projetar a Cidade Moderna*. Trad. Rafael Moreira, Lisboa, Presença, 1980.
———. *Semiótica Russa*. Org. Boris Schnaiderman. São Paulo, Perspectiva, 1979.
———. *Teoria da Literatura em suas Fontes*. Org. Luiz Costa Lima. Rio de Janeiro, Francisco Alves, 1975.
———. *Teoria da Literatura/Formalistas Russos*. Org. Dionísio de Oliveira Toledo. Porto Alegre, Globo, 1976.
———. *Sobre a Paródia*.Org. Selma Calasans, Emir Rodriguez Monegal. Rio de Janeiro, Tempo Brasileiro, 1980.
VENTURI, Robert. *Complejidad y Contradicción en la Arquitectura*. Trad. Antón A. Arechavaleta, Eduardo F. Alonso, Esteve R. i Saurí. Barcelona, Gustavo Gili, 1978.
———. & BROWN, Denise Scott & IZENOUR, Steven. *Aprendiendo de Las Vegas*. Trad. Justo G. Beramendi. Barcelona, Gustavo Gili, 1978.
VERÓN, Eliseo. *Ideologia, Estrutura e Comunicação*. Trad. Amélia Cohn. São Paulo, Cultrix, 1977.
WIENER, Norbert. *Cibernética e Sociedade*. Trad. José Paulo Paes. São Paulo, Cultrix, 1978.

ARQUITETURA NA PERSPECTIVA

QUADRO DA ARQUITETURA NO BRASIL – Nestor G. Reis Filho (D018)
BAUHAUS: NOVARQUITETURA – Walter Gropius (D047)
MORADA PAULISTA – Luís Saia (D063)
A ARTE NA ERA DA MÁQUINA – Maxwell Fry (D071)
COZINHAS, ETC. – CARLOS A. C. LEMOS (D094)
VILA RICA – Sylvio de Vasconcelos (D100)
TERRITÓRIO DA ARQUITETURA – Vittorio Gregotti (D111)
TEORIA E PROJETO NA PRIMEIRA ERA DA MÁQUINA – Reyner Banham (D113)
ARQUITETURA, INDUSTRIALIZAÇÃO E DESENVOLVIMENTO – Paulo J. V. Bruna (D135)
A CONSTRUÇÃO DO SENTIDO NA ARQUITETURA – J. Teixeira C. Netto (D144)
ARQUITETURA ITALIANA EM SÃO PAULO – A. Salmoni e R. Debenedetti (D173)
A CIDADE E O ARQUITETO – Leonardo Benevolo (D190)
POR UMA ARQUITETURA – Le Corbusier (E027)
ESPAÇO DA ARQUITETURA – Evaldo Coutinho (E059)
A REGRA E O MODELO – Françoise Choay (E088)
HISTÓRIA DA ARQUITETURA MODERNA – Leonardo Benevolo (LSC)
ARQUITETURA CONTEMPORÂNEA NO BRASIL – Yves Bruand (LSC)
HISTÓRIA DA CIDADE – Leonardo Benevolo (LSC)

URBANISMO NA PERSPECTIVA

PLANEJAMENTO URBANO – Le Corbusier (D037)
OS TRÊS ESTABELECIMENTOS HUMANOS – Le Corbusier (D096)
O SUBSTANTIVO E O ADJETIVO – Jorge Wilheim (D114)
O URBANISMO – Françoise Choay (E067)
A ESTRATÉGIA DOS SIGNOS – Lucrécia D'Aléssio Ferrara (E079)
A REGRA E O MODELO – Françoise Choay (E088)
ÁREA DA LUZ – R. de Cerqueira Cesar, Paulo J. V. Bruna, L. R. Carvalho Franco (LSC)

Este livro foi impresso na
LIS GRÁFICA E EDITORA LTDA.
Rua Visconde de Parnaíba, 2.753 - Belenzinho
CEP 03045 - São Paulo - SP - Fone: 292-5666
com filmes fornecidos pelo editor.